ABRÉGÉ

DE LA

VIE DE JÉSUS-CHRIST.

PARIS. — TYPOGRAPHIE SCHNEIDER ET LANGRAND, RUE D'ERFURTH, 1.

ABRÉGÉ

DE LA

VIE DE JÉSUS-CHRIST

PAR BLAISE PASCAL,

PUBLIÉ

PAR M. PROSPER FAUGÈRE,

D'APRÈS UN MANUSCRIT RÉCEMMENT DÉCOUVERT,

AVEC LE TESTAMENT DE BLAISE PASCAL.

PARIS,

ANDRIEUX, LIBRAIRE-ÉDITEUR,

11, RUE SAINTE-ANNE.

1846

AVANT-PROPOS.

Voici une nouvelle parcelle de cet héritage intellectuel de Pascal dont les moindres débris doivent être recueillis avec un soin religieux.

L'écrit qui est ici publié sous le titre d'*Abrégé de la vie de Jésus-Christ*, a été dernièrement découvert à Utrecht. Jusque-là on n'en connaissait l'existence que par la mention qu'en a faite l'abbé Perier, neveu de Pascal, dans une des trois attestations qui se trouvent en tête du manuscrit autographe des *Pensées*. J'ai décrit ailleurs ce manuscrit, et parlé en détail de ces attestations [1] : l'une certifie le dépôt fait dans la bibliothèque de Saint-Germain-des-Prés du manuscrit original des *Pensées;* l'autre est relative à plusieurs écrits de Pascal sur la grâce et le concile de Trente, qui auraient été également déposés dans la même bibliothèque ; enfin la troisième, qui se rapporte

[1] *Pensées, Fragments et Lettres de B. Pascal,* tom. I, Introduction, p. XLIII.

à l'Abrégé de la vie de Jésus-Christ, est ains. conçue :

« Je, soussigné, prêtre, chanoine de l'église de « Clermont, certifie que les cahiers compris dans « ce volume, *qui sont des Abrégés de la vie de Jésus-« Christ,* sont écrits de la main de M. Pascal, mon « oncle, et ont été trouvés après sa mort parmi « ses papiers ; lequel volume j'ai déposé dans la « bibliothèque de Saint-Germain-des-Prés, pour « y être conservé avec les autres manuscrits que « l'on y garde. — Fait ce vingt-cinq septembre « mil sept cent onze. — PERIER. »

Ces attestations, écrites sur des feuilles séparées, indiquaient évidemment trois dépôts différents, et étaient destinées à être placées chacune en tête du volume qu'elle concernait. Cependant elles sont réunies au commencement de l'Autographe des Pensées. Après avoir fait remarquer cette circonstance dans l'introduction de mon édition des *Pensées, Fragments et Lettres,* j'ajoutais les observations que je crois devoir reproduire ici :

« Ces attestations étant placées en tête du grand in-folio autographe, il semble qu'on devrait trouver réunis dans ce manuscrit tous les volumes ou cahiers mentionnés par l'abbé Perier. Mais le grand in-folio ne renferme absolument rien concernant la grâce ou le concile de Trente. Il y a même tout lieu de croire que cette partie des écrits de Pascal ne fut point déposée dans la bibliothèque de Saint-Germain-des-Prés, et qu'elle demeura dans celle des oratoriens de Clermont; car le P. Guerrier, qui a transcrit dans ses recueils les pièces dont il s'agit, dit expressément qu'il les a copiées sur les originaux conservés chez les oratoriens de Clermont. . . . .

« . . . . . Quant aux *Abrégés de la vie de J. C.*, il est possible que le manuscrit autographe en renferme quelques pages, par exemple, le fragment que Pascal a intitulé le *Mystère de Jésus*[1]. Nous n'en avons, du reste, retrouvé aucune trace dans les Recueils du P. Guerrier. » — « Nous conjecturons, ajoutais-je dans l'argument du chapitre intitulé *De Jésus-Christ*[2], que ces pages, qui ne se retrouvent pas dans la Copie des Pensées, faisaient partie des *cahiers* que l'abbé Perier mentionne dans la troisième attestation qui se trouve en tête du Manuscrit Autographe. Cette partie des manuscrits de Pascal, sauf les quelques pages que nous publions, est très-probablement aujourd'hui perdue. »

Ce manuscrit de Pascal, qui ne figure point dans les volumineuses transcriptions du P. Guerrier, et dont je n'avais non plus rencontré aucun vestige dans les manuscrits de la bibliothèque du roi, un membre de l'Eglise catholique d'Utrecht,

[1] Page 87 du MS., et page 358 du IIe volume des *Pensées*, *Fragments et Lettres*.

[2] Page 312, IIe volume des *Pensées*, etc.

M. Van der Hoeven, en a découvert une copie, contre toute espérance, dans la bibliothèque de la maison de Klarenburg.

Cette bibliothèque provient, en grande partie, de M. l'abbé d'Etemare et de MM. Du Parc et Mouton, partisans zélés de Port-Royal. Parmi les manuscrits qu'elle renferme se trouvent des lettres de madame Perier, sœur de Pascal, des divers membres de la famille Perier, de M. le Roy, abbé de Haute-Fontaine, de M. d'Etemare et de plusieurs autres personnages qui touchent, de plus ou moins près, à Port-Royal. A côté de ces lettres sont divers écrits, au milieu desquels figurent, copiés de la même main : quelques pensées de Pascal, déjà publiées, un projet de mandement, aussi de Pascal, également publié, et enfin l'Abrégé de la vie de Jésus-Christ.

Ce dernier écrit forme un cahier de vingt-six pages in-4°, d'une écriture assez serrée. Il porte en titre : *Copie du manuscrit de la main et de la composition de M. Pascal.* A la première vue jetée sur ce manuscrit, j'ai reconnu qu'il était de la même écriture que le manuscrit inscrit à la bibliothèque royale, n° 1485 du *Supplément français*, sous le titre de *Mémoires de mademoiselle Perier.* Le double fac-simile qui est ci-joint suffira pour montrer l'identité de l'écriture ; et cette identité sera à son tour une preuve suffisante de l'authenticité du nouvel écrit de Pascal.

En remarquant ailleurs [1] que le manuscrit *Supplément français*, n° 1485, n'était pas excellent, puisqu'il offrait de nombreuses inexactitudes de transcription, j'ai établi cependant qu'il était une copie faite sur celle du P. Guerrier. L'authenticité en est donc incontestable. La copie de l'*Abrégé de la vie de Jésus-Christ* doit avoir la même authenticité. Non-seulement elle a été écrite de la même main et sur un papier de même format et de même espèce que le manuscrit *Supplément français ;* mais il y a, dans l'un et dans l'autre manuscrit, des rectifications dues à une même plume, comme on peut également le reconnaître sur le fac-simile.

Le copiste des deux manuscrits est inconnu ; mais quelques pages autographes de Mlle de Themericourt [2], que M. Van der Hoeven a eu l'obligeance de me communiquer en m'envoyant l'Abrégé de la vie de Jésus-Christ, m'ont permis de constater que les rectifications dont je viens de parler sont de la main de cette demoiselle, et que le titre et la table tout entière du manuscrit *Supplément français* sont écrits aussi par elle. Ces rectifications, fort incomplètes d'ailleurs, attestent que c'est elle qui a fait copier l'un et l'autre manuscrits, et les a collationnés.

[1] Voy. *Lettres, Opuscules et Mémoires* de Mme Perier et de Jacqueline, sœurs de Pascal, et de Marguerite Perier, sa nièce, pages v et suivantes de l'avant-propos.

[2] Marie Scolastique le Sesne de Themericourt Menilles.

M. Van der Hoeven conjecture, ou plutôt constate, que la collection des papiers concernant Port-Royal, qui se trouve dans la bibliothèque de Klarenburg, a été, pour la plus grande partie du moins, originairement recueillie par Mlle de Themericourt. La trace de son écriture se retrouve sur des pièces copiées de la même main que le manuscrit de la Vie de Jésus-Christ ; et plusieurs portefeuilles ou volumes, contenant des pièces originales, portent, écrits par elle, soit un numéro d'ordre, soit la date de l'achat ou même l'indication des documents qu'ils renferment. « J'en ai vu un, m'écrit M. Van der Hoeven, sur lequel elle avait écrit *cinquante-septième volume*, preuve assez évidente de son zèle à rassembler tout ce qui concernait Port-Royal. »

Mlle de Themericourt était la cousine de l'abbé d'Etemare ; ils habitaient ensemble à Paris, et quand l'abbé se fut retiré en Hollande dans la maison de Rhynwyck, ils eurent une correspondance active que l'on conserve encore dans la bibliothèque de Klarenburg. Il est à croire qu'à la mort de Mlle de Themericourt, qui eut lieu en 1745, les nombreux manuscrits qu'elle avait recueillis passèrent, sauf peut-être un petit nombre [1], en la possession de l'abbé d'Etemare. Celui-ci, qui mourut en 1770, les avait légués à son tour à la mai-

[1] Comme par exemple, le MS. n° 1485, *Supp. franç.*, à la Bibliothèque royale ; les détails que je donne ici font donc connaître l'origine de ce MS.

son de Rhynwyck, d'où enfin ils sont passés dans celle de Klarenburg. Il reste maintenant à savoir comment Mlle de Themericourt avait pu avoir à sa disposition soit l'original, soit une copie du manuscrit de l'Abrégé de la vie de Jésus-Christ.

Pour lever toute difficulté sur ce point, il suffit de rappeler que Mlle de Themericourt était fort liée avec Marguerite Perier, la nièce de Pascal. Il y a dans la bibliothèque de Klarenburg des lettres de Marguerite Perier qui témoignent des sentiments qui les unissaient et montrent que leur correspondance dura jusqu'à la fin de la vie de Marguerite. J'ai sous les yeux une de ces lettres, datée du 1er septembre 1732, c'est-à-dire, écrite sept mois seulement avant sa mort, dans laquelle Marguerite Perier remercie Mlle de Themericourt de lui avoir envoyé la relation de deux miracles arrivés au tombeau de M. Pâris. Rien donc de plus légitime que d'admettre que c'est par la nièce de Pascal que Mlle de Themericourt a eu communication de l'Abrégé de la vie de Jésus-Christ.

Malheureusement la copie qu'elle en a fait faire mérite les mêmes reproches que le manuscrit *Supplément français*, n° 1485. Avec une écriture nette et lisible, le copiste n'avait pas le degré d'instruction et d'intelligence nécessaire. Le manuscrit de Klarenburg offre donc comme l'autre un grand nombre de fautes de transcription.

Mlle de Themericourt, sans doute en le collationnant avec le texte original, en a corrigé quelques-unes de sa main, mais beaucoup lui sont échappées. On trouve aussi dans notre manuscrit quelques lacunes, d'ailleurs peu considérables, que le copiste a indiquées par des blancs. L'existence de ces fautes et de ces lacunes pourra faire supposer que le manuscrit de Klarenburg a été copié sur les cahiers autographes de Pascal dont l'écriture est souvent presque indéchiffrable. Mais cette conjecture, qui est celle de M. Van der Hoeven, n'est pas fondée, car le copiste a commis un aussi grand nombre d'erreurs, en transcrivant l'écriture beaucoup plus lisible cependant du P. Guerrier, et il y a tout lieu de croire que la transcription d'un manuscrit autographe de Pascal lui eût été absolument impossible. Quoi qu'il en soit, les lacunes de notre manuscrit, qui se rencontraient sans aucun doute dans la première copie qui a dû servir de texte à celle-ci, deviennent certainement un préjugé en faveur de l'authenticité de cet écrit de Pascal, en attestant combien était difficile la lecture du manuscrit primitif. Du reste, cette considération est d'un intérêt bien accessoire, à côté des raisons décisives, je le crois, que j'ai données plus haut en faveur de l'authenticité de l'Abrégé de la vie de Jésus-Christ. J'espère donc qu'il n'en sera pas de cet écrit comme du Discours sur les passions de l'amour : l'authenticité n'en sera contestée par personne. Ces productions d'un genre si divers, sont bien l'une et l'autre de l'auteur des *Pensées;* et dussé-je scandaliser encore quelque dissertateur à l'esprit honnête, mais froid, mieux initié aux secrets du syllogisme qu'à ceux de l'imagination et du cœur, j'oserai dire que ces deux écrits tiennent par la même racine à l'âme du grand penseur.

On a beaucoup célébré, dans Pascal, le génie mathématique et calculateur. Cependant il est avant tout l'homme du sentiment : c'est par le cœur, plus encore que par la raison, qu'il est grand, et demeure à jamais en possession de la sympathie et de l'admiration des hommes.

Il est aisé de comprendre combien son âme si passionnée pour le beau moral dut s'éprendre de l'âme divine du Sauveur des hommes, et comment il fut saisi de la tentation de retracer, après tant d'autres, la touchante et merveilleuse biographie de l'Homme-Dieu. L'Abrégé de la vie de Jésus-Christ a très-probablement été écrit, comme ce qui nous reste de l'Apologie de la religion, dans les dernières années de Pascal. Ce n'est qu'une autre ébauche imparfaite ; mais cette ébauche est celle du génie, et la main du maître se manifeste encore dans ces esquisses quelquefois à peine formées, dans ces notes à demi-mot que l'auteur jetait en courant, afin de retrouver plus tard la trace des pensées qu'il se proposait de développer.

Quelques mots de la *préface*, dans lesquels Pascal s'adresse *au lecteur*, semblent indiquer qu'il avait le projet de publier la Vie de Jésus-Christ; il regardait sans doute un pareil ouvrage comme le complément ou plutôt comme l'introduction essentielle de son Apologie de la religion. Mais la durée terrestre de l'homme est toujours plus courte que ses desseins et ses espérances; pour cette œuvre aussi le temps a manqué à Pascal, et l'on y retrouve à chaque page le souvenir de son existence si prématurément brisée sous le poids de la souffrance et du génie : souvenir qui ajoute un indicible degré de mélancolie à l'image qu'il a tracée de lui-même, quand il a défini l'homme un *roseau pensant*.

A la suite de l'Abrégé de la vie de Jésus-Christ, on lira avec intérêt le *Testament de Pascal*. De nouvelles recherches faites sur mes indications, et à ma prière, ont enfin amené la découverte de ce curieux document, dont j'avais déjà publié un fragment trouvé dans les archives de l'hôpital de Clermont[1]. Un honorable notaire de Paris, détenteur de la précieuse minute qui reposait incognito dans son étude, a bien voulu m'autoriser à en prendre copie, et je lui en renouvelle ici mes remercîments.

P. F.

Paris, août 1846.

[1] *Lettres, Opuscules et Mémoires* de Mme Perier et de Jacqueline, sœurs de Pascal, et de Marguerite Perier, sa nièce, pages XV et 480.

Fac-simile N.° 1. (Ms d'Utrecht)

(1)

BIBLIOTHÈQUE ROYALE

Copie du manuscrit de la composition, et de la main
de M.r Pascal.

Preface.

Le verbe lequel etoit de toute leternité, Dieu en Dieu, par qui toute chose,
et les visibles mêmes ont eté faites, s'etant fait homme, dans la plenitude des tems
est venu dans le monde quil a creé, pour sauver le monde, n'a pas eté reçû
du monde, mais de ceux la seulement aux quels il a donné la puissance
dêtre faits enfans de dieu en tant que renez du S.t Esprit par la volonté
de Dieu, et non pas en tant que nez de la chair et du sang par la volonté
des hommes, et il a conversé parmi les hommes, denué de sa gloire, et
revêtu de la forme d'un esclave, et a passé par beaucoup de souffrances jus-
-ques a la mort et a la mort de la Croix, sur laquelle il a porté nos lan-
-gueurs et nos infirmitez, et a detruit notre mort par la sienne, et aprés
avoir quitté volontairement son ame qu'il avoit pouvoir de laisser et de
reprendre, il s'est ressuscité lui même le troisiéme jour, et par sa nou-
-velle vie a communiqué la vie a tous ceux qui sont renez en lui, et
comme Adam avoit communiqué la mort a tous ceux qui etoient nez
de luy.

103. Et etant entré en la maison en Capharnaüm, il les interroge des
discours quils avoient tenus en ~~chacun~~ chemin, parce quils avoient ~~l'esprit~~ dispute de
la primauté, et appelloit un Enfant, il les instruit de l'enfance chrétienne.

Fac-simile. N.° 2. (Ms Supp Français. N.° 1485. Bibliothèque Royale. Page 58.)

Fragment ~~Lettre~~ de M.r Pascal
Vous me faites plaisir de me mander tout le detail de
vos fronderies, et principalement puisque vous y êtes interessé,
car je m'imagine que vous n'imitez pas nos frondeurs de
ce pays cy, qui vont si mal, au moins en ce qui m'en parait,

ABRÉGÉ

DE LA

VIE DE JÉSUS-CHRIST.

PRÉFACE.

Le Verbe, lequel était de toute éternité, Dieu en Dieu, par qui toutes choses et les visibles même ont été faites, s'étant fait homme dans la plénitude des temps, est venu dans le monde qu'il a créé, pour sauver le monde, n'a pas été reçu du monde, mais de ceux-là seulement auxquels il a donné la puissance d'être faits enfants de Dieu en tant que renés du Saint-Esprit par la volonté de Dieu, et non pas en tant que nés de la chair et du sang par la volonté des hommes; et il a conversé parmi les hommes, dénué de sa gloire et revêtu de la forme d'un esclave; et a passé par beaucoup de souffrances jusques à la mort et la mort de la croix, sur laquelle il a porté nos langueurs et nos infirmités; et a détruit notre mort par la sienne; et, après avoir quitté volontairement son âme, qu'il avait pouvoir de laisser et de reprendre, il s'est ressuscité lui-même le troisième jour; et, par sa nouvelle vie, a communiqué la vie à tous ceux qui sont renés en lui, comme Adam avait communiqué la mort à tous ceux qui étaient nés de lui. Et enfin étant monté des enfers au-dessus de tous les cieux, afin qu'il remplît toutes choses, il sied à la droite du Père d'où il viendra juger les vivants et les morts, et ramener les élus incorporés en lui dans le sein de Dieu auquel il s'est uni hypostatiquement à jamais.

Quand la bénignité de Dieu a paru, et que ces grandes choses ont été accomplies sur la terre, plusieurs s'offrirent de mettre par écrit l'histoire de sa vie. Mais comme une si sainte vie, de laquelle les moindres actions et mouvements méritent d'être racontés, ne pouvait être écrite que par le même esprit qui avait opéré sa naissance, ils n'y réussirent pas, parce qu'ils suivaient leur esprit propre. Et c'est pourquoi Dieu suscita quatre saints hommes contemporains de J. C., lesquels, inspirés divinement, ont écrit les choses qu'il a dites et qu'il a faites. Ce n'est pas qu'ils aient tout écrit; car il faudrait pour cet effet plus de volumes que le monde n'en saurait contenir, parce qu'il n'y a pas un mouvement, action, pensée qui ne mérite d'être exprimée dans toutes ses circonstances, comme[1] étant toutes dirigées à la gloire du Père, et conduites par u opération intime du Saint-Esprit. Mais les choses qui sont écrites, tout est afin que nous croyions que Jésus est le fils de Dieu et qu'en croyant nous ayons la vie éternelle par son nom.

Or, ce que les Évangélistes ont écrit, pour des rai-

[1] Il y a dans le MS. : «... *car* étant, » leçon évidemment vicieuse.

sons qui ne sont peut-être pas toutes connues, par un ordre où ils n'ont pas toujours eu égard à la suite des temps, nous le rédigeons ici dans la suite des temps, en rapportant chaque verset de chaque Évangéliste, dans l'ordre auquel la chose qui y est écrite est arrivée, autant que notre faiblesse nous l'a pu permettre.

Si le lecteur y trouve quelque chose de bon, qu'il en rende grâces à Dieu, seul auteur de tout bien ; et, ce qu'il y trouvera de mal, qu'il le pardonne à mon infirmité.

Le Verbe étant encore dans le sein de son Père, avant que d'entrer dans le monde, voulut préparer la voie au médiateur de Dieu et des hommes, par son précurseur. Et, pour annoncer ce mystère en effet,

1. Sous l'empire de César-Auguste, sous le règne d'Hérode en Judée, le 24 septembre, quinze mois avant la naissance de Jésus-Christ, l'ange Gabriel fut envoyé à Zacharie, prêtre, lui annoncer qu'Élisabeth sa femme, quoique stérile, concevrait et enfanterait un fils, qu'il appellerait Jean, précurseur du Messie. Zacharie n'ayant pas cru devint muet.

2. Six mois après, le 25 mars, neuf mois avant la naissance de Jésus-Christ, le même Gabriel fut envoyé à une vierge nommée Marie, lui annoncer qu'elle concevrait, par l'opération du Saint-Esprit en elle, un fils dont le nom est Jésus.

3. Elle, étant enceinte, visita Élisabeth sa parente, et loua Dieu par son cantique.

4. Le 24 juin, six mois avant la naissance de Jésus-

Christ, Jean naquit. Après, il fut circoncis. Zacharie recouvra la parole, et loua Dieu par son cantique.

5. Cependant Joseph, étonné de la grossesse de sa femme, parce qu'ils n'avaient point encore habité ensemble, fut averti par l'ange, que ce qui était en elle était du Saint-Esprit.

6. Le 25 décembre, au premier du salut, naquit Jésus-Christ en Bethléem, ville de Judée. Sa généalogie est racontée, par Salomon, en Mat., I, 1, et par Nathan., en Luc, III, 23.

7. Les anges annoncent sa naissance aux pasteurs qui viennent l'adorer.

8. Huit jours après sa naissance, le 1er janvier, il fut circoncis et nommé Jésus.

9. Le 6 janvier [1], les mages le vinrent adorer. Hérode, alarmé de cette naissance, craignant qu'il usurpât son empire, commande aux mages de l'avertir du lieu où ils le trouveraient; mais eux, avertis par l'ange, ne retournèrent pas à Hérode.

10. Le 2 février, trente-six jours [2] après la naissance de Jésus-Christ, la Vierge fut se purifier au temple, et présenta Jésus suivant la coutume, à cause que c'était son premier-né. Siméon le tenant entre ses mains, loua Dieu par son cantique, et prédit à Marie que le glaive de douleur percerait son cœur. Anne la prophétesse prophétise touchant Jésus-Christ.

11. Hérode ayant été déçu par les mages, ne pouvant pas déterrer Jésus, à cause que l'obscurité de sa

[1] Il y a dans le MS. : « Le 6 *mars*..., » ce qui paraît être une faute du copiste.

[2] Le MS. dit : « *vingt-six* jours... »

naissance le cachait parmi la confusion du peuple, il se résolut de faire mourir tous les enfants, afin de l'y comprendre. Mais avant que son projet fût exécuté, Joseph, averti par l'ange, emmena Jésus et Marie, et fut en Égypte.

12. Hérode cependant fait tuer tous les enfants, pensant envelopper Jésus-Christ dans ce meurtre universel.

13. Ensuite Jean fut aux déserts, et était fortifié en esprit.

14. Après quelques années Hérode étant mort, Joseph en fut averti par l'ange, et revint[1] en la terre d'Israël. Mais comme il apprit qu'Archelaüs son fils régnait à sa place, c'est pourquoi il fut, par les conseils de l'ange, en Galilée, et demeura en Nazareth.

15. Après quelques années, et douze ans après sa naissance, ses parents (quoiqu'Archelaüs régnât encore, car il régna 12 ans. Josèphe, *Ant.*, 17, c. 5.) le menèrent à la fête en Jérusalem, et il demeura dans le temple avec les docteurs, disputant avec eux. Ses parents le cherchaient avec une extrême inquiétude. Il leur dit qu'il fallait qu'il accomplît les choses dont il était chargé de son père; et étant retourné avec eux, il leur était sujet, et croissait en sagesse, en âge et en grâce, devant Dieu et devant les hommes.

Ainsi Jésus mena sa vie cachée depuis douze ans jusqu'à 31.

16. En l'an 15 de l'empire de Tibère César, Ponce-Pilate étant gouverneur en Judée, Hérode Tétrarche en Galilée, Philippe son frère Tétrarche en Iturée et

[1] Le MS. : « ...et *revenu* en la terre... »

Trachonite, et Lysanias Tétrarche en Abilène [1], et Anne et Caïphe étant souverains prêtres,

Comme le temps de la prédication de Jésus approchait, Jean, son Précurseur, par un ordre exprès de Dieu, sort de son silence et de sa solitude, et vient [2] au Jourdain exciter tous les peuples à préparer les voies au Messie, et à se disposer à son avénement, par la prédication et le baptême de la pénitence, et annoncer qu'il est prêt à paraître.

17. Et en ce temps-là Jésus vint de Galilée au Jourdain, pour être baptisé lui-même du baptême de Jean. Les cieux furent ouverts, le Saint-Esprit descendit sur lui en figure corporelle d'une colombe, et se reposa sur lui, et une voix du ciel dit : Celui-ci est mon fils bien-aimé. Ainsi Jésus fut baptisé malgré la résistance de Jean, qui n'osa le faire d'abord sans un commandement exprès de son maître, qui lui dit qu'il le souffrait [3] maintenant, parce qu'il était lors à propos qu'il accomplît toute justice. C'est-à-dire que celui qui avait la ressemblance de la chair de péché fut lavé par la ressemblance de baptême du Saint-Esprit; car en effet celui qui était né du Saint-Esprit, ne devait pas renaître du Saint-Esprit; mais il nous invita, par son exemple et par son humilité, à avoir recours au baptême. Et il purifia, par la pureté de sa chair, les eaux qui devaient ensuite purifier l'impureté de la nôtre, et il communiqua, par son attouchement, la force de la régénération à laquelle il les avait destinées. Et afin que

[1] Le MS. : « en *Alibène*... »
[2] Dans le MS. : « ...et *vint*... »
[3] Dans le MS : « ... *souffrit*... »

tous les peuples connussent par la descente visible du Saint-Esprit, et par le témoignage de Jean, qu'il était véritablement le Christ,

18[a]. Jésus étant baptisé fut incontinent mené par le Saint-Eprit au désert où il jeûna 40 jours et 40 nuits.

18[b]. Ensuite il fut tenté du diable.

18[c]. Et le diable le laissant pour un temps, les anges vinrent et le servirent.

19. Cependant Jean déclare aux Pharisiens qui lui furent envoyés pour savoir s'il était le Christ, qu'il ne l'était point.

20. Le lendemain Jésus allant vers Jean, il le montra avec son doigt, et rendit témoignage qu'il était l'Agneau de Dieu qui porte les péchés du monde.

21. Le lendemain il répète le même témoignage, et lors André et un autre des disciples de Jean ayant ouï ce témoignage, suivent Jésus, et demeurent ce jour-là avec lui. Et André ayant rencontré Simon, son frère, le mena à Jésus, qui le nomma Pierre.

22. Le lendemain Jésus allant en Galilée, rencontra Philippe, auquel il dit : Suis-moi : et Philippe le suivit et amena Nathanaël.

23. Trois jours après il arriva en Cana de Galilée, où sur l'avis de Marie, sa mère, il fit son premier miracle, en changeant l'eau en vin.

24. Après il fut en Capharnaüm, avec ses disciples, où il demeura depuis ordinairement, de sorte que cette ville est appelée sa ville dans un Évangile [1].

25. Et peu devant Pâque, il fut en Jérusalem où il

[1] C'est l'Evangile de saint Matthieu, IX, 1.

chassa les marchands du temple, et prédit la ruine et restitution de son corps sous la figure du temple; et plusieurs crurent en lui, voyant ses miracles; mais il ne se fiait point en eux, parce qu'il connaissait leur intérieur.

26. Dans le temps de Pâque, Nicodème se fait instruire de nuit de la renaissance; que l'Esprit souffle où il veut; que nul n'est monté au ciel que le fils de Dieu, qui en est descendu et qui y est; en quoi il signifiait sa double nature, montrant [1] qu'il était Dieu et homme, puisqu'étant descendu du ciel, il ne laissait pas d'y être, et montrant dès lors qu'il n'y avait point de salut hors ce sacrement d'incorporation, c'est-à-dire que pour ceux qui, par le baptême, seraient incorporés en lui, puisque nul que lui ne peut monter au ciel; que le serpent élevé au désert était sa figure; que Dieu a tant aimé le monde qu'il lui a donné son fils unique; qu'il n'est pas venu condamner, mais sauver; qu'il faut croire que la lumière est venue; que qui fait le mal hait la lumière, etc.

27. De là il passa en Judée, et baptisait par ses disciples. Et les disciples de Jean et les Juifs s'étonnant de ce que Jésus baptisait, et faisait plus de disciples que lui, Jean leur dit que celui qui est venu du ciel doit croître, et que lui qui n'est fait que de terre doit diminuer; que Dieu n'a pas donné à Jésus l'esprit par mesure, mais que toutes choses étaient en sa puissance, et qu'il fallait croire en lui pour éviter la colère de Dieu.

[1] Dans le MS. : « ... *montra* qu'il... »

28. Et Jésus connaissant que sa réputation se perdait partout et scandalisait les Pharisiens, il laissa la Judée et se retira en Galilée. Et passant par Nazareth, il fut mal reçu, et rendit témoignage que nul prophète n'est sans honneur, sinon en son pays.

29. Peu de temps après, Hérode le Tétrarche, ayant été repris par Jean de ce qu'il voulait épouser sa belle-sœur, femme de Philippe, son frère, Hérode le fit mettre en prison, et ajouta ce mal à tant d'autres qu'il avait faits.

30ᵃ. Ce que Jésus ayant appris, il se retira dans le désert de Galilée.

30ᵇ. En chemin, il passa par le milieu de Samarie, où il enseigna la Samaritaine du don de Dieu, de l'eau jaillissant en la vie éternelle, l'adoration en esprit et en vérité, etc., et qu'il est le Messie. Et parce qu'il y avait longtemps qu'il n'avait mangé, ses disciples lui en présentèrent, mais il leur dit qu'il avait une viande qui leur était inconnue. Et la Samaritaine ayant répandu sa réputation dans la ville, il y fut reçu et les instruisit durant deux jours, après lesquels il en partit, et, achevant son voyage, arriva en Galilée, où il fut honorablement reçu, à cause que plusieurs d'entre eux avaient vu, à la fête de Pâque, les miracles qu'il avait faits en Jérusalem.

De là il arriva en Cana, ville de Galilée, où il avait changé l'eau en vin, qui fut son premier miracle, et où il fit aussi son second, en rendant la santé au fils d'un seigneur, quoique absent et malade en Capharnaüm, à la prière de son père.

31. En partant de là, il se détourna de Nazareth, sa patrie, et marcha vers Capharnaüm.

32. Lors Jésus commença à prêcher, disant : « Faites pénitence, car le royaume des cieux approche, » qui est le sommaire de sa prédication et de celle de Jean.

32 (*sic*). D'où il parcourut la Galilée en prêchant, et entra un jour dans la nacelle de Pierre. Après y avoir fait le miracle de la grande pêche de poissons, dont le filet rompit,

33. Il appela Pierre et André, et ensuite Jacques et Jean, et leur promit, et particulièrement à Pierre, de les faire pêcheurs d'hommes ; lesquels le suivirent, quittant tout.

34. Il vient enfin à Capharnaüm avec ses disciples, où il délivra les démoniaques.

35. Puis, entra chez Pierre, guérit sa belle-mère de la fièvre.

36. Le soir, sa renommée s'accroissant, il guérit plusieurs malades démoniaques, à la porte.

37. Le lendemain, au matin, il descendit de Capharnaüm dans le désert, et les disciples et le peuple le cherchant, il leur dit qu'il fallait qu'il prêchât aussi aux autres villes, et qu'il était envoyé pour cela ; et alla dans les synagogues de Galilée, prêchant et guérissant.

38. Puis, entrant derechef en Capharnaüm, il guérit un paralytique qui descendit par le toit, parce que la foule empêchait qu'on ne pût passer par la porte.

39. En partant de là, il appela Matthieu du lieu de péage, qui le suivit incontinent, quittant tout.

40. Matthieu lui donna à dîner chez soi, et pendant

le dîner, Jésus les enseignait, et aussi les disciples de Jean et les Pharisiens, touchant le vin nouveau en vaisseaux vieux, la pièce neuve à une vieille veste, etc.

41. Pendant qu'il leur parlait, Jaïre, prince de la synagogue, arrive, le priant de ressusciter sa fille morte.

42. Jésus y alla, et en chemin il guérit l'hémorrhoïsse, par l'attouchement du bord de son habit, et ensuite il ressuscite la fille de Jaïrus (*sic*), morte, en présence de Pierre, Jacques et Jean seulement.

43. Ensuite il partit de Capharnaüm, et en chemin il guérit deux aveugles criant : Jésus, fils de David !

44. Et ensuite on lui présenta un muet démoniaque, lequel il guérit. Et les Pharisiens imputent ce miracle à Béelzébub.

45. Et en allant par les villes, il exhorte ses disciples à prier Dieu qu'il envoie des moissonneurs, à cause que la moisson est grande.

46. A Pâque, Jésus vient [1] en Jérusalem, où il guérit le paralytique, à la piscine, au sujet duquel il discourt avec les Pharisiens, touchant l'observation du sabbat.

47. Huit jours après, en passant par les blés avec ses disciples, qui cueillaient des épis, il les défend contre les Pharisiens.

48. Après, il guérit la main sèche, en un jour de sabbat, et défend son action contre la superstition des Pharisiens. Et parce qu'ils le voulaient faire mourir, il se retira en prêchant et guérissant partout.

[1] Le MS. : « ...venu... »

49. Peu après, ayant dessein d'élire douze d'entre ses disciples, pour être témoins de sa résurrection et pour porter son Évangile à tous les peuples et à toutes les nations du monde, lequel il avait prêché aux Juifs sans fruit, avant que de faire ce choix, il passa la nuit en prière sur une montagne.

50. Et le matin il en élut douze, auxquels il donna puissance sur le démon et sur les maladies.

51. Et incontinent il leur fit ce beau et ample sermon sur la montagne, contenant l'abrégé de la perfection [1] chrétienne.

52. En descendant de la montagne, il guérit un lépreux.

53. Puis, arrivant à Capharnaüm, il guérit le fils du centenier, qui lui dit : Seigneur, je ne suis pas digne que tu entres sous mon toit.

54. Après, en passant par le bourg de Naïm, il ressuscite le fils unique de la veuve.

55. Le bruit de ses miracles s'épandant partout, Jean, qui était ici en prison, en fut averti, et envoya deux de ses disciples à Jésus, qui leur dit qu'ils rapportent à Jean que les aveugles voient, et que l'Évangile est annoncé aux pauvres. Et quand ils furent partis, il dit aux troupes qu'il n'en est point né un plus grand que Jean, etc.

56. Il reproche l'impénitence aux Juifs, et particulièrement à Corozaïn, Betsaïde et Capharnaüm.

57. Il fut invité à un dîner chez un Pharisien, où il remit les péchés à Madelaine, et enseigna que les péchés sont remis à proportion de l'amour qu'on a pour Dieu.

[1] D'abord, dans le MS. : *justification* ; mais *perfection* doit être la vraie leçon : ce mot a été écrit en surcharge en manière de correction.

58. Après, il enseigne l'oraison dominicale, et qu'il faut persévérer en l'oraison.

59. Il guérit un démoniaque, aveugle et muet, et les Juifs imputent ce miracle à Béelzébub. Il dit que les péchés contre lui seront pardonnés, mais que les péchés contre le Saint-Esprit ne le seront pas.

60. Et que l'esprit immonde étant sorti d'un corps, en trouve sept autres pires que lui.

61. Il leur enseigne plusieurs autres choses, et comme il leur parlait encore,

62. Étant invité à dîner chez un Pharisien, il invective plusieurs malédictions contre leur fausse netteté extérieure, en négligeant celle du cœur.

63. Cependant, ses parents pensent qu'il a perdu l'esprit, et veulent le saisir. Et quand on l'avertit que ses parents le demandaient, il dit que ceux qui font la volonté de Dieu sont sa mère et ses frères.

64. Le même jour, passant auprès de la mer avec ses disciples, entre lesquels étaient ses apôtres, Madelaine et les autres femmes qui suivaient, il leur enseigne plusieurs paraboles : du semeur, de l'ivraie, du grain de moutarde, du trésor, du levain, des pêches et filets.

65. Ce jour-là même, sur le soir, il monta en une nacelle, et commanda de passer à l'autre rive, et en passant la mer, il s'endormit sur un oreiller. Et la tempête s'éleva, et la nacelle étant couverte de flots, ses disciples l'éveillèrent, et il calma la tempête.

66. Étant arrivé à l'autre rive, qui était le pays des Gérasénéens, il y guérit deux démoniaques, et exauça la prière des démons, qui demandèrent d'aller dans les pourceaux.

67. Et les Gérasénéens le prièrent de les quitter et d'aller ailleurs.

68. De sorte qu'il fut à Nazareth, où il ne fut pas bien reçu, et n'y demeura guère à cause de leur incrédulité, et répéta que nul prophète n'est bien reçu en son pays.

69. Il commence d'envoyer prêcher les apôtres, deux à deux, et leur donne plusieurs instructions : d'aller premièrement aux Juifs, de prêcher que le royaume de Dieu est prochain, de guérir, ressusciter, etc., pour néant, comme ils l'ont reçu pour néant; de ne porter ni argent, ni malle, ni bâton, ni deux robes; de secouer la poudre de leurs pieds; leur prédit les maux qu'ils souffriront, brebis au milieu des loups, prudents comme serpents, simples comme colombes, ne craindre que Dieu, qu'il n'est pas venu porter la paix, mais le glaive; que qui les reçoit, le reçoit, etc.

70. Cependant Jésus lui-même prêche par la Galilée.

71. Pendant que ces choses se passent, Hérode fait [1] mourir Jean, et entendant le bruit des miracles de Jésus, croit que c'est Jean ressuscité.

72. Quand Jésus eut appris cette nouvelle, il se retira cependant dans le désert.

73. Les troupes l'ayant découvert, le suivirent.

74. Peu devant Pâque, les apôtres reviennent [2], et rendent compte de leur prédication à Jésus.

75. Jésus se retire avec eux dans le désert de Betsaïde, pour être en liberté, parce que les peuples le pressaient tellement, qu'il n'avait pas seulement le

[1] Le MS : « ... *fit*... »
[2] Le MS : « ... *revinrent*... »

loisir de manger; mais le peuple y courut encore.

76. Et sur le soir, Jésus ayant pitié des troupes, fit en leur faveur le miracle des cinq pains.

77. Le soir, ayant commandé aux apôtres de passer la mer, il se retira seul en la montagne pour prier,

78. Et pour éviter les peuples qui le voulaient faire roi.

79. D'où revenant, sur la 4me veille de la nuit, il marche sur la mer; y fait marcher Pierre, et apaise la tempête, et prend port à Génésareth,

80. Où il guérit plusieurs malades, par l'attouchement du bord de ses habits.

81. Le lendemain, il instruit ceux qui l'étaient venu chercher à Capharnaüm [1], parce qu'il les avait repus de pain [2], de ne pas chercher la viande périssable, mais l'éternelle, que le fils de l'homme leur donnera; que Dieu l'a marqué [3] de son cachet (c'est-à-dire que Dieu lui a communiqué l'impression de la divinité, par laquelle il est fils de Dieu aussi bien que fils de l'homme); que c'est l'ouvrage de Dieu qu'ils croient en lui (c'est-à-dire que c'est à Dieu à opérer ce miracle); que Moïse n'a pas donné le pain du ciel; que c'est Dieu qui donne le pain du ciel; qu'il est le pain de vie; que tout ce que le Père lui donne vient à lui; que personne ne peut

[1] Le MS. dit : « ... *de* Capharnaüm... » Ce qui est contraire au texte de l'Évangile. Voy. saint Jean, VI, 24.

[2] Dans le MS. : « ...les avait *repris du* pain... » C'est une faute évidente du copiste. Dans saint Jean, à qui tout ce passage est emprunté, il est dit, ch. VI, verset 26 : « ... Vous me cherchez, non à cause des miracles que vous avez vus, mais parce que je vous *ai donné du pain* à manger, et que *vous avez été rassasiés.* »

[3] Le MS : « ... *la marque*... »

venir à lui, s'il n'y est entraîné par le Père ; que ceux qui mangent de ce pain ne mourront point ; qu'il faut manger sa chair et boire son sang pour avoir la vie ; que sa chair est vraiment viande, et son sang vraiment breuvage ; que ceux qui le mangent vivent pour lui ; que la chair ne profite de rien ; que l'esprit vivifie ; que ses paroles sont esprit et vie. Sur quoi plusieurs de ses disciples l'ayant quitté pour la dureté qu'ils trouvaient dans ce discours, il demanda aux douze s'ils voulaient aussi le quitter. Pierre, au nom des autres, dit : Où irions-nous ? Tu as la parole de la vie éternelle, etc.

82. A cette fête de Pâque, il ne paraît point que Jésus ait été en Jérusalem, où les Juifs le cherchaient pour le faire mourir, et il paraît qu'incontinent après Pâque, il conversait dans la Galilée.

83. Et les scribes et les Pharisiens venus à lui de Jérusalem, il les instruit du lavement des mains et des traditions.

D'où allant vers les quartiers de Tyr et de Sidon, il délivra la fille de la Cananée.

84. Partant de Tyr, il fut vers la mer de Galilée, et passant par les quartiers de Décapolis, il guérit le sourd et muet, en disant Ephphéta.

85. Et Jésus étant arrivé proche de la mer, guérit plusieurs malades, boiteux, aveugles, etc.

86. Et voyant la multitude dans le désert, en eut pitié, et fit le miracle des sept pains et peu de poissons[1].

[1] L'Évangile latin dit : ... « paucos pisciculos. » Saint Mat., XV, 34, et saint Marc, VIII, 7.

87. Incontinent après ce miracle, il monta en une nacelle, et vint aux quartiers de Mageddan et Dalmanutha[1].

88. Où les Pharisiens et Saducéens demandent quelque signe du ciel. Mais lui, gémissant en esprit, les refusa, puis commanda de passer à l'autre rive, et là il les avertit de se garder du levain des Pharisiens et des Saducéens, et d'Hérode.

89. De là il vint en Betsaïda, où il mena un aveugle hors de la ville pour le guérir.

90. Jésus, partant de Betsaïda, vint aux villages d'alentour, Césarée et Philippes; et après avoir fait sa prière, il interroge ses disciples touchant ce qu'on dit de lui. Pierre le reconnaît pour le Christ. Il leur défend de le dire,

91. Et déclare Pierre bienheureux d'avoir cette révélation, et promet d'édifier sur cette pierre son Église, contre laquelle les portes d'enfer ne prévaudront point.

92. Et lors il leur déclare qu'il faut qu'il souffre beaucoup, qu'il meure et qu'il ressuscite en Jérusalem. Et Pierre s'opposant à ces tristes prédictions, est appelé Satan.

93. Et ayant appelé à soi les troupes, déclare à tous qu'il faut que chacun porte sa croix;

94. Et dit qu'il y en avait de présents à ce discours qui ne mourraient point avant que d'avoir vu le règne de Dieu.

95. Six jours après inclusivement, ou huit jours

[1] Dans le MS. : « ...*Dalmaneuth.* »

après exclusivement, Jésus ayant pris avec soi Pierre, Jacques et Jean (savoir Jacques majeur, qu'Hérode fit précipiter, et non pas Jacques mineur, frère du seigneur, évêque de Jérusalem, auteur de la lettre Catholique, car Matthieu l'appelle frère de Jean), il les mena en la montagne, et après avoir fait sa prière, il fut transfiguré, et une voix du Ciel dit : Voici mon fils bien-aimé, en qui j'ai pris mon bon plaisir ; écoutez-le.

96. En descendant de la montagne, il leur défend de parler de cette vision, jusqu'à ce qu'il fût ressuscité.

97. Et les disciples retinrent en eux-mêmes cette parole : « Jusqu'à ce qu'il fût ressuscité, » et ne l'entendirent pas.

98. Ensuite ils l'interrogèrent touchant l'avénement d'Élie.

99. Le lendemain, étant descendu de la montagne et venu à ses disciples, il guérit un lunatique que les disciples n'avaient pu guérir ; et leur dit que c'était par le manquement de foi,

100. Et que cette sorte de démon ne sort que par l'oraison et le jeûne.

101. Ensuite il allait par la Galilée ; et prédit que le fils de l'homme serait livré ès mains des hommes ; mais ils n'entendirent point cette parole.

102. Il arriva en Capharnaüm, où on lui demanda le tribut. Il déclare à Pierre qu'il en est exempt comme fils de roi ; mais de peur de les scandaliser, il fait pêcher un poisson, dans la tête duquel il prit de quoi payer le tribut.

103. Et étant entré en la maison en Capharnaüm, il les interroge des discours qu'ils avaient tenus en che-

min, parce qu'ils avaient disputé de la primauté ; et appelant [1] un enfant, il les instruit de l'enfance chrétienne.

104. Leur défend de scandaliser ces petits, parce que leurs anges voient la face de Dieu, savoir les anges commis à leur garde ; qu'il est venu [2] pour sauver ce qui était péri. Il les instruit de la correction fraternelle, et du pardon des offenses, par l'exemple du roi qui fait rendre compte à ses serviteurs.

105. Et sur ce que Jean avait empêché quelqu'un de jeter un démon en son nom, il lui apprend que qui n'est point contre eux est pour eux.

106. Au mois de septembre, sur la fin, la fête des tabernacles étant proche,

107. Il ne voulut point monter en Jérusalem, car ses parents, car ses frères même ne croyaient [3] point en lui ; mais il leur dit que son temps n'était pas encore venu, et que, quant à eux, leur temps est toujours prêt ; que le monde les peut haïr, mais qu'il le hait à cause qu'il témoigne le mal de leurs œuvres ; qu'il ne monte pas encore en Jérusalem. Mais quand son temps fut prêt, il y monta aussi, et partit de Galilée pour y aller après eux.

108. Aussi, le temps de son assomption (c'est-à-dire de sa mort, résurrection et ascension) approchant et étant venu, il commença à affermir sa face pour aller en Jérusalem.

[1] Le MS. : « ...et *appelait*... » — Voy. cet alinéa dans le fac-simile.

[2] Venit enim filius hominis salvare quod perierat. Matt., XVIII, 11. — Le MS. dit : « ... qu'il *en veut* pour sauver... » ; erreur évidente du copiste.

[3] Dans le MS. : « ... ne *croyent*... »

109. Il partit donc de Galilée, et avança vers les quartiers de Judée.

110. Et comme il voulut passer par la Samarie, il n'y fut pas reçu à cause qu'ils connurent qu'il allait en Jérusalem (et la raison pour laquelle ils le refusèrent à cause qu'il allait en Jérusalem, est qu'il y avait une dispute entre les Juifs et eux touchant le lieu où il fallait adorer, les uns prétendant que ce fût au temple de Jérusalem, et les autres au mont Garizim[1]. Josèphe, 12 *Ant.*, c. 1. Jean, 4, 9[2]); et les disciples, indignés de ce refus, voulurent faire descendre le feu du ciel, mais Jésus réprima leur zèle.

112[3]. En chemin il refuse quelqu'un pour disciple.

113. Au mois de septembre, à la fête des tabernacles, Jésus fut en Jérusalem.

114. Et il y eut des divisions parmi le peuple, touchant sa personne,

115. Les uns prétendant qu'il fut prophète, et les autres en médisant, mais non pas en public, car ils étaient les moins forts. Comme la fête était à demi passée, c'est-à-dire le 4e jour de la fête, Jésus fut au temple, et enseignait publiquement; et se plaint de ce qu'on le veut faire mourir. Les Juifs disent qu'il a le diable, et cherchent les moyens de l'arrêter; mais ils n'osèrent. Les Pharisiens envoyèrent des gens pour le prendre adroitement, mais ils ne purent s'y résoudre. Mais en la dernière et grande journée de la fête (qui n'est pas le 7e jour, mais le 8e), tout le peuple s'assem-

[1] Dans le MS. : « ... *Garizien*.

[2] Le fait ici mentionné ne se trouve que dans saint Luc, IX, 53.

[3] Il n'y a pas de n° 111.

bla pour s'en retourner : Si quelqu'un a soif, qu'il vienne à moi et boive (comme pour leur donner le viatique). Et le peuple fut divisé, les uns pour, les autres contre. Et ceux que les Pharisiens avaient envoyés l'entendant parler avec tant d'énergie, ne purent se résoudre de le prendre, et dirent, pour excuse, aux Pharisiens qui se plaignaient d'eux : Jamais homme n'a parlé de la sorte. Et les Pharisiens, pour essayer de leur ôter cette créance, leur disaient qu'à la vérité son discours était capable de séduire le peuple, mais qu'aucun des Pharisiens et des savants n'ayant cru en lui [1], ils ne devaient pas suivre la simplicité d'un peuple ignorant; et, qu'en toute l'Écriture, on ne trouverait pas qu'un prophète dût venir de Galilée.

116. Le soir, il se retira à la montagne; et le lendemain matin, étant venu au temple, il renvoya la femme surprise en adultère, sans la condamner, en écrivant du doigt en terre, et disant que celui qui est sans péché jette contre elle la première pierre. Ensuite il dit qu'il est la lumière du monde, et plusieurs autres choses, en la trésorerie du temple. Mais personne ne le prit, parce que son heure n'était pas encore venue, quoiqu'il les irritât à l'excès, en leur disant qu'ils étaient enfants du diable, et non pas d'Abraham; qu'Abraham avait tressailli de désir de le voir : de sorte qu'enfin, étant irrités, ils prirent des pierres pour le lapider. Mais il sortit du temple, et se cacha.

117. En s'en allant, il guérit l'aveugle-né. Les Pharisiens interrogèrent celui en qui le miracle avait été fait, et voyant qu'il persistait à confesser la vérité, ils

[1] Dans le MS. : « ...n'a pas cru en lui... »

le jetèrent hors du temple. Et Jésus le reçoit, lui demande s'il croit au fils de Dieu, lui déclare qu'il l'est, et qu'il est venu pour rendre la vue aux aveugles, c'est-à-dire à ceux qui se reconnaissent aveugles,

Et pour aveugler ceux qui voient, c'est-à-dire ceux qui ne croient pas être aveugles.

118. Il leur enseigne plusieurs autres choses, selon le bon pasteur, le mercenaire, ses vraies brebis.

119. Dans ces temps-là, Jésus ordonna 72 disciples, qu'il envoya par tous les lieux où il devait aller lui-même, les instruisant de presque les mêmes choses dont il avait instruit les apôtres auparavant.

120. A leur retour, il rend grâces à Dieu, dans une élévation d'esprit, de ce qu'il a caché ces choses aux sages du monde, et qu'il les a révélées aux petits.

121. Lors un scribe le tentant, il l'instruit, par l'histoire du bon samaritain, quel est son véritable prochain.

122. Et en voyageant, il arrive en Béthanie, où il préfère le repos de Marie, qui était à ses pieds, à l'empressement de Marthe qui s'inquiétait pour le servir, et dit que Marie a choisi la meilleure part, et qu'une seule chose est nécessaire.

123. Dans ce temps, il instruit les siens, et dispute avec les Pharisiens de plusieurs choses dites ailleurs. Il refuse de partager l'héritage entre deux frères, et dit : O hommes ! qui m'a constitué juge ou partageur sur vous? Et leur donne plusieurs instructions rapportées aussi en d'autres occasions.

124. A cette heure-là, on lui apporte la nouvelle des Galiléens tués par Pilate. Sur ce sujet, il exhorte tout le

monde à pénitence, leur proposant la parabole du figuier infertile. Il guérit ensuite la femme courbée depuis 18 ans. Il leur propose la parabole du grain de moutarde, du levain, rapportée ailleurs. Il alla ensuite par les villes et villages. On l'interroge du nombre de ceux qui seront sauvés. Il exhorte à entrer par la porte étroite, laquelle étant une fois fermée, on heurtera en vain.

125. Le même jour, étant averti de se garder d'Hérode, il répond : Dites à ce renard que ma consommation approche. Et ce lion de la tribu de Juda manda à ce renard qu'il montait hardiment en Jérusalem. Il se plaint ensuite sur Jérusalem, disant : Jérusalem, Jérusalem, combien de fois ai-je voulu assembler tes enfants, et tu n'as pas voulu! Mais, malgré ses résistances, il le fit quand il le voulut.

126. Etant invité, un jour de sabbat, à dîner chez un Pharisien, il guérit un hydropique, ce qu'il montra être permis par une comparaison. Il enseigne l'humilité, et qu'il faut convier les pauvres et non pas les riches.

127. Il ajouta ensuite la parabole du festin dont les conviés s'excusèrent sous trois divers prétextes, et où furent appelées toutes sortes de personnes ; et la parabole de la tour, et plusieurs autres choses, la plupart rapportées aussi en d'autres occasions.

128. Les Pharisiens murmurant de ce qu'il admettait les pêcheurs, il les convainc par trois comparaisons, de la brebis égarée, de la dragme perdue [1] et de l'enfant prodigue.

129. Il propose ensuite la parabole du dépensier

[1] Dans le MS. : « ...*drague* perdue... »

accusé envers son maître, du mauvais riche, et autres choses rapportées en d'autres temps.

130. Après, il dit à ses apôtres qu'il faut que les scandales arrivent. Ils demandent qu'il leur augmente la foi. Il dit que qui en a comme un grain de moutarde, on peut faire des prodiges;

Que nous sommes tous serviteurs inutiles, etc.

131. Au mois de décembre, à la fête de la dédicace, en hiver, étant en Jérusalem, au portique de Salomon, il est interrogé s'il est le Christ; et comme ils ne furent pas satisfaits de sa réponse, ils le veulent lapider. Il demande pour laquelle des bonnes actions qu'il a faites on le veut lapider; et s'échappant de leurs mains, il fut outre le Jourdain, et demeura quelque temps au lieu même où Jean baptisait.

132. Étant au-delà du Jourdain,

133. Les Juifs viennent à lui en affluence. Il les instruit touchant l'indissolubilité du mariage,

134. Sur le divorce, sur ceux qui sont châtrés pour le royaume de Dieu.

135. Il défend d'éloigner de lui les enfants, les reçoit entre ses bras, et les baise.

136. Et comme il sortait de là, un jeune prince demandant ce qu'il fallait qu'il fît pour avoir la vie éternelle, s'en retourna triste, ayant reçu le conseil de vendre tout son bien, et de le donner aux pauvres.

137. Sur ce sujet, il déclare combien il est difficile qu'un riche soit sauvé, et admire cette difficulté avec exclamation;

138. Et quelle récompense sera rendue à ceux qui auront tout quitté pour lui.

139. Il enseigne ensuite que plusieurs premiers seront derniers, et au contraire ;

140. Ce qu'il confirme par la parabole des ouvriers loués à diverses heures.

141. Étant alors sur les confins de la Judée, il apprend la maladie de Lazare ; et l'ayant appris, demeure deux jours sans partir. Puis il fut en Béthanie, où il trouva que le Lazare était mort il y avait quatre jours. Il pleure, exige de Marthe la reconnaissance qu'il est fils de Dieu. Il prie et ressuscite Lazare, qui puait déjà. Ce miracle ayant attiré plusieurs personnes à la foi, à cause que Lazare était un homme connu et de considération, et que Béthanie était proche de Jérusalem, les Pharisiens le craignent ; et, la haine qu'ils avaient pour lui fortifiée par le sujet qu'ils eurent que le peuple ne le suivît à cause de ces miracles, résolurent de le prendre et de le faire périr. Caïphe même prophétise, à cause qu'il était grand prêtre, qu'il était expédient qu'il mourût pour le peuple. Et Jésus se retira en Ephrem.

142. La fête de Pâque approchant, Jésus se mit en chemin pour aller en Jérusalem. En chemin, il rencontre dix lépreux, dont un était samaritain. Il les guérit tous, et le samaritain seul le reconnaît.

143. En chemin, il appela les douze, et leur dit qu'il serait moqué, craché, fouetté, crucifié [1] ; qu'il mourrait et ressusciterait le 3e jour.

144. Mais ils n'entendirent point ce discours.

145. Au contraire, les fils de Zébédée ayant compris

[1] Voy. l'édition des *Pensées, Fragments et Lettres de B. Pascal*, tom. II, p. 279. Pascal reproduit, dans ce passage, les mêmes expressions.

par là que son royaume approchait, ils demandèrent, par leur mère, qu'ils fussent assis, l'un à sa droite, l'autre à sa gauche.

146. Les dix autres, indignés de cette ambition, Jésus les appelle tous à soi, et leur dit qu'entre eux, ceux qui voudront être les plus grands seront les plus petits.

147. En approchant de Jérusalem, il rendit la vue à un aveugle.

148. Après ces discours, ils arrivent en Jéricho.

149. En allant par la ville, Zachée tâcha de le voir, monté sur un sycomore, parce qu'il était trop petit. Jésus l'appelle, et est reçu chez lui en joie, et Jésus l'instruit de la parabole des dix marcs donnés à dix serviteurs, etc.

150. Il sortit de Jéricho, et en sortant il guérit deux aveugles, dont l'un s'appelait Bartimée [1].

151. Le 9 mars, 6 jours avant Pâque, Jésus vint en Béthanie, où il soupa chez Simon le lépreux, où Marie l'oignit de ses parfums, dont les disciples murmurent, sont repris ; et Judas, irrité, résolut de le livrer aux Pharisiens.

152. Et les princes des prêtres résolurent dès-lors de faire mourir et lui et Lazare, à cause qu'un grand nombre de personnes suivaient Jésus, à sa considération.

153. Le lendemain, savoir le dimanche, 10 mars, auquel on choisissait l'agneau de Pâque, qu'on destinait au sacrifice, et où l'on le conduisait au lieu de l'immolation pour l'y garder jusqu'au 14e, Jésus, le véritable agneau de Dieu, qui devait être sacrifié pour

[1] Dans le MS. : « ...*Bartumée*... »

les péchés du monde, et le véritable accomplissement de cette figure légale, voulut se rendre ce jour-là même en Jérusalem, qui était le lieu destiné à son immolation, pour y demeurer jusqu'au 14e, auquel il devait être sacrifié. Et en y allant, il passa par Bethphagé, près la montagne des Olives, d'où il envoya quérir un ânon et une ânesse.

154. Ses disciples n'entendent pas son dessein.

155. Et, Jésus monté sur l'ânesse, tout le peuple étendit des manteaux et des palmes dans le chemin, et criaient : Hosanna ! Dans ces acclamations publiques, il passe par le mont des Olives.

156. Et les Pharisiens, impatients de cette joie universelle, dont ils n'étaient pas maîtres, prièrent Jésus de les faire cesser. Mais il leur dit que s'ils se taisaient, les pierres crieraient.

157. Les Pharisiens, ne pouvant empêcher ces acclamations, furent dans une extrême peine.

158. Cependant Jésus, dans cette pompe, approche de Jérusalem ; et en approchant, il pleura sur elle de ce qu'elle n'avait point connu le temps de sa visitation, et des choses qui servaient à sa paix, et prédit sa destruction, savoir par Tite et Vespasien.

159. Enfin il entre en Jérusalem.

160. Cependant, les gentils souhaitent de le voir, et en pressent les apôtres. Sur ce sujet, il leur donne des instructions diverses rapportées en d'autres occasions. Et une voix du ciel vient à sa prière, disant : Je l'ai glorifié, et de rechef je le glorifierai. Jésus dit qu'il n'est pas venu pour lui, mais pour eux. Jésus prédit sa mort, et les exhorte de marcher tandis qu'ils ont la lu-

mière. Et nonobstant tous ces signes, ils ne crurent pas en lui. Ce n'est pas que plusieurs des princes des prêtres mêmes ne crussent, mais ils eurent crainte, et préférèrent la gloire des hommes à celle de Dieu.

161. Et le soir étant venu, Jésus les laissa, et fut en Béthanie avec les apôtres.

162. Le lendemain, lundi 11 mars, Jésus vint en la ville ; et, ayant faim dans le chemin, chercha des figues au figuier, et n'y en trouva point, car il n'en était pas la saison, et le maudit.

163. Il entra dans la ville, et fut au temple, d'où il chassa les vendeurs.

164. Et guérit les aveugles et boiteux, et répond au murmure des scribes.

165. Et le soir venu, il se retira en Béthanie.

166. Le lendemain, mardi 12 mars, au matin, les apôtres, repassant auprès du figuier, s'étonnent de le voir séché. Sur quoi il leur enseigne la force de la foi de Dieu.

167. Étant venu dans le temple, il fut interrogé d'où il tenait sa puissance ; à quoi il répond par une autre interrogation, savoir d'où Jean tenait la sienne.

168. Puis il dit la parabole de deux fils qui avaient reçu commandement de leur père.

169. Ensuite il dit la parabole des laboureurs qui tuèrent le fils héritier de la vigne.

170. Après, il leur expose la similitude de la pierre angulaire.

171. Toutes ces paraboles leur ayant fait entendre qu'il parlait contre eux, et qu'il leur prédisait la translation du royaume de Dieu, ils s'irritèrent, et n'osèrent pourtant pas mettre les mains sur lui.

172. Et Jésus, continuant ses paraboles, il leur fit celle du festin, dont les conviés s'excusent sous trois divers prétextes, rapportés ailleurs. Mais il y ajoute la circonstance de celui qui n'avait point la robe nuptiale.

173. Les scribes et Pharisiens, jugeant bien qu'ils ne pourraient le surprendre sur l'explication des Écritures, le tentent sur le sujet de la politique, pour le faire tomber entre les mains du gouverneur.

174. Ainsi, ils l'interrogèrent touchant le tribut dû à César. Mais il les confond par sa réponse, ensuite de laquelle les Saducéens voulurent encore le tenter sur la religion, en lui proposant[1] une difficulté sur les mariages après la résurrection, laquelle étant facilement résolue, il leur en propose une autre lui-même : savoir si le Christ est fils de David ; et met en évidence les vices cachés des scribes.

175. De sorte que dès-lors personne n'osa plus l'interroger.

176. Il ordonne néanmoins d'ouïr les scribes, quelque méchants qu'ils fussent, parce qu'ils sont assis sur la chaire de Moïse.

Il défend à tous de se faire appeler maître, et défend d'appeler qui que ce soit père, et invective par huit malédictions contre eux.

177. Après ce discours, étant assis auprès du tronc, il préféra l'aumône de la veuve à celle des riches.

178. Les disciples, en sortant du temple, en admirent la structure, mais il en prédit la ruine.

179. Et étant arrivé sur la montagne des Olives, il

[1] Dans le MS. : « *et lui proposent...* »

s'assit vis-à-vis du temple. Là, les disciples l'interrogent des signes de son dernier avénement Il les déclare amplement, et exhorte tout le monde à veiller et à prier. Il leur enseigne que, pour éviter ces maux, il faut toujours prier, et confirme ce précepte par l'exemple du juge inique importuné par la veuve; et qu'il faut prier avec humilité et avec un véritable sentiment de son indigence : ce qu'il confirme par l'exemple du Pharisien et du Publicain,

180. Et par la parabole des dix vierges, et par celle des talents donnés aux serviteurs pour les faire profiter ;

Et finit ce discours en déclarant la forme du dernier jugement.

181. Il passe toute la nuit sur le mont des Olives.

182. Le mercredi, 13 mars, au matin, il avertit que la Pâque doit être célébrée deux jours après, savoir la nuit d'entre le jeudi au vendredi, suivant la loi, entre le 14 et 15 mars.

183. Le jour même, Satan entra en Judas Iscarioth qui fut trouver les princes des prêtres, qui cherchaient tous les moyens de prendre Jésus, et fit[1] marché avec eux pour le livrer.

184. Le jeudi, 14 mars, premier jour des pains sans levain, auquel il fallait sacrifier l'agneau de Pâque, etc., et auquel Jésus mangea la Pâque, pour obéir à la loi, et institua sa Pâque, pour accomplir la loi, et fut immolé et sacrifié lui-même, (savoir la nuit d'entre le jeudi et vendredi), il envoie deux de ses disciples pour lui préparer la Pâque, donnant pour signe du

[1] Dans le MS. : « ...et *firent*... »

lieu où il devait aller, un homme portant une cruche d'eau.

185. Le soir, quand l'heure fut venue,

186. Jésus mangea l'agneau de Pâque, avec ses disciples.

187. Il leur déclare le grand désir qu'il a eu de manger cette Pâque avec eux.

188. Après souper, il leur lave les pieds, ce que Pierre refuse d'abord, puis y consent.

189. Ensuite il institue et leur confère le sacrement de son corps et de son sang ; et leur dit qu'il n'en boira plus, jusqu'à ce qu'il le boive nouveau au royaume de Dieu[1].

190. Puis il fut troublé en esprit ;

191. Et prédit que Judas le trahirait,

192. Et qu'il serait meilleur à cet homme-là de n'être point né. Jean se repose sur la poitrine de Jésus.

193. Judas demande s'il parle de lui. Jésus l'avoue.

194. Et après que Judas eût pris le morceau trempé, le diable entra en lui. Ce morceau n'était pas le corps du Seigneur, car il l'avait déjà reçu. (Aug. Tract. 62. Conc. Bracarens. tertium. Can. 1.)

Et Jésus lui dit : Fais bientôt ce que tu as à faire. (Non pas en commandant, mais en permettant, comme quand il dit aux Juifs : Abattez le temple, et je le relèverai ; et comme Élisée dit à ceux qui s'obstinaient à envoyer chercher Élie : Envoyez ; et comme Cyprien, prêt à mourir, dit : Fais promptement ce qui t'est com-

1... « *N'en boira plus* », c'est-à-dire, *du fruit de la vigne*, suivant ces mots de saint Luc : ... « Dico enim vobis, quod non bibam de generatione vitis, donec regnum Dei veniat. Luc, XXII, 18. — Voy. aussi Matt., XVI, 29, et Marc, XIV, 25.

mandé ; car Jésus céda aux desseins de Judas afin qu'il le pût, mais il ne fit pas qu'il le voulût.)

195. Judas sort, et Jésus dit incontinent que maintenant il est glorifié, et Dieu en lui, et que Dieu le glorifiera encore.

196. Et leur donna le nouveau commandement d'amour mutuel, pour marque et sceau de christianisme.

197. Puis, leur prédit qu'ils seront tous scandalisés cette nuit en lui, mais qu'il ressuscitera, et qu'il irait devant eux en Galilée.

198. Sur cela, ils disputent entre eux de la primanté ; (peut-être parce qu'ils croient, comme tantôt, que son règne approchait).

199. Jésus les reprend, et leur dit que le plus grand sera le moindre,

200. Et néanmoins préfère Pierre (peut-être parce qu'il n'est pas de ceux qui aspiraient à la primauté), en s'adressant à lui, disant : Simon, Simon, voici Satan a demandé de vous cribler comme le bled, mais j'ai prié pour toi, afin que ta foi ne défaille point ; pour lui faire entendre que sa persévérance en la foi serait un don de Dieu, et non un pur effet de sa propre force.

201. Mais Pierre, plein des sentiments que la nature inspire, et n'ayant pas encore reçu le Saint-Esprit, lui dit, s'assurant sur ses propres forces, qu'encore que les autres le quittent, il le suivra partout. Mais Jésus lui prédit son triple reniement. Et ensuite leur ordonne de porter des bourses et des épées. Et ensuite prédit encore sa mort.

202. Pierre et les autres persistent à maintenir leur fidélité.

203. Enfin, Jésus prêt à partir, pour la dernière fois il console et confirme ses apôtres [1]; il leur ouvre de grands mystères, la venue du Saint-Esprit consolateur, et sa victoire sur le prince du monde, par cet ample discours qu'il fit pour son adieu.

204. Il couronne cet adieu par cette excellente prière qu'il fait à Dieu pour les recommander à sa providence, quand il n'y sera plus; et prie non-seulement pour eux, mais encore pour tous ceux qui doivent croire à l'Évangile; et ne prie point pour le monde.

205. Il sort de la maison pour aller au mont des Olives; et ayant passé le torrent de Cédron,

206. Il vint en un jardin de Gethsémani;

207. Et laissant ses disciples, fut au mont des Olives, à son ordinaire.

208. Il prend avec soi Pierre, Jacques et Jean, et étant en tristesse, leur dit que son âme est triste jusqu'à la mort [2].

209. Il s'éloigne un peu d'eux,

210. D'environ le jet d'une pierre.

211. Il prie,

212. La face en terre,

213. Trois fois.

214. A chaque fois, il vient à ses disciples, et les trouve dormants [3].

[1] Dans le MS. : « ...ses apôtres *par lesquelles* il leur ouvre... » — Ces mots *par lesquelles* ne forment aucun sens, et il doit y avoir ici une omission ou une erreur du copiste.

[2] Voy. l'édition des *Pensées, Fragments et Lettres de B. Pascal*, tom. II, p. 339.

[3] Voy. *Ibidem*.

215. L'ange le conforte (dans la destitution de toute consolation, et divine et humaine, où sa nature humaine était réduite). Et dans cette agonie, il sue le sang.

216. Judas s'approche, et ses troupes.

217. Jésus les renverse tous d'une parole.

218. Judas le baise. Jésus se livre. Pierre coupe l'oreille de Malchus. Jésus l'en reprend.

219. Et le guérit.

220. Jésus, en se livrant, prie qu'on laisse aller les siens.

221. Jésus est emmené [1], et les disciples s'enfuient. Et un jeune homme le suivant nu, dans un drap, on le veut prendre. Il quitte son drap et s'enfuit nu.

222. Jésus est premièrement mené à Anne,

223. Puis à Caïphe; et Pierre suivait de loin [2].

224. Et Jean suivait aussi, lequel ayant connaissance chez le pontife, n'eut pas de peine à entrer, et introduisit aussi Pierre.

225. Aussi Pierre entre et se chauffe, car il faisait froid.

226. Jésus est interrogé de sa doctrine et de ses disciples :

227. Reçoit un soufflet et s'en plaint.

228. Cependant les princes des prêtres tiennent conseil, et suscitent de faux témoignages contre Jésus.

229. Jésus ne répond rien sur leurs fausses dépositions.

230. Ces témoignages n'étant ni suffisants, ni con-

[1] Dans le MS. : « ... *amené*... »
[2] Dans le MS. : « ...de *long*... »

formes entre eux, les princes des prêtres et Caïphe[1].....
...délibèrent toute la nuit; et résolurent de tirer de sa bouche s'il se dît le Christ, pour le condamner par ses propres discours.

231. Pendant que ces choses se passaient dans le conseil, Pierre était dans la cour, où il fut reconnu à la lueur du feu, par les domestiques, et renia hautement Jésus.

232. Le coq chante incontinent. Il sort, et pleure amèrement,

233. Après que Jésus l'eût regardé. (Savoir, intérieurement, car Jésus et Pierre étaient en différents lieux, d'où ils ne pouvaient pas se voir. Ambr.)

234. Cependant les soldats l'outragent et le jouent.

235. Le vendredi, 15 mars, au matin, Caïphe et les autres, suivant leur délibération, le font entrer dans le conseil, et lui demandent s'il est le Christ. Jésus l'avoue, et est jugé digne de mort.

236. Et lors il fut craché, moqué, soufflete[2], joué par les soldats.

237. Ainsi, il est mené lié à Pilate, gouverneur.

238. Judas, le voyant condamné, ému de repentir, jette son argent, dont on acheta le champ d'un potier, pour la sépulture des étrangers; et se pendit.

239. Pilate demande aux Juifs de quoi ils accusent Jésus. Les prêtres qui s'en étaient rendus juges, ne voulurent pas s'en rendre parties. Et Pilate ne voulait point le condamner sans connaissance de cause.

[1] Lacune d'un ou deux mots.

[2] Voy. *Pensées, Fragments et Lettres de B. Pascal*, tom. II, p. 279, où Pascal emploie les mêmes expressions.

240. Enfin, ils furent contraints de l'accuser ; et lui imposent plusieurs crimes, comme d'avoir voulu émouvoir le peuple, se disant roi soi-même.

241. Sur quoi étant interrogé par Pilate s'il était roi, il l'avoue ;

242. Mais que son royaume n'est pas de ce monde.

243. Pilate, voyant que sa prétention n'était pas contraire au gouvernement temporel, ni à l'autorité de César, dit qu'il ne trouve point de crime en lui.

244. Les Juifs, qui voulaient sa mort, voyant que cette première accusation n'était pas suffisante, en ajoutèrent d'autres tumultuairement, sans forme, et en état de sédition plutôt que de justice réglée. Mais Jésus n'y répondit plus mot.

245. Et Pilate admira sa retenue.

246. Enfin, ils insistent à l'accuser d'avoir voulu émouvoir le peuple ; et pour colorer leur accusation de quelque circonstance vraisemblable, ils disent qu'il a commencé par la Galilée. Sur quoi Pilate ayant connu qu'il était du ressort d'Hérode, qui était lors en Jérusalem, il s'en décharge et le lui envoie. Hérode le reçoit avec joie, car il désirait de le voir et de l'ouïr, pour lui voir faire quelque signe ; mais Jésus ne dit mot, et Hérode le méprisant, le renvoya, vêtu de blanc, à Pilate pour le rendre ridicule. Et Hérode et Pilate devinrent amis : la raison temporelle en est que l'un et l'autre s'étaient rendu une déférence civile en cette occasion ; la raison mystique, est que Jésus devant réconcilier en sa personne les deux peuples Juif et Gentil, en détruisant les inimitiés en sa personne par sa croix, voulut, pour marque de cette paix, réconcilier

dans l'occasion de sa passion, ces deux pour amis.

247. Pilate, voyant qu'Hérode ne l'avait point condamné, dit aux Juifs qu'il ne le condamnerait point aussi, et qu'il le relâcherait après une légère punition;

248. Et, le peuple s'obstinant à demander sa mort, tenta un autre moyen pour sa délivrance, en leur proposant la coutume de délivrer un prisonnier à Pâque; et, pour cet effet, leur mit en parallèle Jésus et Barabbas, meurtrier, espérant qu'ils préféreraient Jésus.

249. Les princes des prêtres, craignant le succès de cet artifice, briguent puissamment pour Barabbas;

250. (Cependant Pilate étant au siége présidial, sa femme le sollicite de s'abstenir de cette cause.)

251. De sorte que tout le peuple, d'une voix, demandent (*sic*) la liberté de Barabbas et la mort de Jésus.

252. Pilate ne pouvant faire réussir le dessein de sa délivrance, le fit flageller, pour le rendre un objet de pitié.

253. Ainsi, étant livré aux soldats, il fut dépouillé, vêtu de pourpre, couronné d'épines, un roseau en sa main.

254. Et en cet état, Pilate l'expose au peuple pour le fléchir.

255. Mais eux autres, par la fausse piété et par l'ardente sollicitation des prêtres, l'accusent de plus en plus, et disent à Pilate qu'il s'est fait fils de Dieu, et par là qu'il mérite la mort. Pilate l'ayant interrogé sur ce fait, Jésus ne répond point. Pilate lui dit qu'il a sur lui la puissance de vie et de mort, et le presse, par cette considération, de lui répondre. Jésus lui dit qu'il tient cette puissance d'en haut. Pilate ne pouvant trouver

en lui de crime, s'efforce plus que jamais de le délivrer.

256. Il sortit trois fois vers les Juifs, pour calmer le peuple, parce qu'il voyait clairement qu'ils l'avaient livré par envie. Mais ce fut en vain.

257. Cependant Pilate ne peut se résoudre à le condamner sur leurs accusations. Et (voyant[1]) que l'intérêt de la religion, qui les piquait et qui intéressait les prêtres, ne touchait pas Pilate pour le porter à cette injustice, ils le piquèrent d'intérêt, et lui dirent qu'il ne pouvait éviter la colère de César s'il le relâchait, parce qu'il avait attenté à se faire roi. Cette considération vainquit Pilate ; et néanmoins, s'étant mis en son siége présidial, il fit encore un effort pour sa délivrance. Mais le peuple continua à lui représenter qu'il ne reconnaissait point d'autre roi que César.

258. Et la voix du peuple se renforçant pour demander sa mort,

259. Pilate prit de l'eau, et se lava les mains du sang de ce juste. Le peuple demande que son sang soit sur eux et sur leurs enfants.

260. Sur quoi Pilate, pour se concilier la bonne volonté du peuple, le juge et le livre pour être crucifié.

261. Ils prirent donc Jésus, et le menèrent hors de la ville chargé de sa croix.

262. Etant hors la ville, ils trouvèrent un nommé Simon Cyrénéen, qu'ils contraignirent de porter sa croix.

263. Le peuple le suivait en foule, et des femmes, qui pleuraient sur lui, auxquelles il dit qu'elles pleurent

[1] Le MS. omet le mot *voyant*.

sur elles-mêmes, et leur prédit les malheurs qui approchaient.

264. Etant arrivé au mont de Calvaire, on lui présenta à boire du vinaigre,

265. Mêlé avec du fiel; et quand il en eut goûté, il n'en voulut pas boire.

266. A midi, ou à six heures selon les Juifs, on l'attache à la croix.

267. Pendant qu'on lui perce les pieds et les mains, il prie pour ses bourreaux.

268. Cependant la terre fut couverte de ténèbres, depuis midi jusqu'à trois heures.

269. On met à sa croix le titre de sa condamnation : J. N. R. J.,

270. Lequel Pilate ayant écrit, il ne le voulut pas changer.

271. Pour augmenter son ignominie, on crucifia avec lui deux larrons à ses côtés.

272. Les soldats partissent son vêtement, et le jettent au sort.

273. Ils en firent quatre parties, à chacun la sienne; et parce que la robe était sans couture, ils ne la coupèrent, mais la mirent au sort.

274. Le peuple et les princes des prêtres même, qui le regardaient, et les soldats, se moquaient de lui dans son agonie ;

275. Et les passants, et le souverain prêtre,

276. Et les deux larrons crucifiés avec lui, tous le blasphémaient.

277. Mais l'un des deux larrons, converti soudainement, pendant que l'autre continue à blasphémer, il

le reprend, reconnaît Jésus, le prie qu'il se souvienne de lui ; et Jésus lui promet qu'il sera ce jour-là même avec lui en paradis.

278. Il recommande sa mère au disciple qu'il aimait.

279. Et environ à trois heures, ou, suivant les Hébreux, à neuf heures, Jésus cria : Eli, Eli, lamma sabbactani? c'est-à-dire : Mon Dieu, Mon Dieu, pourquoi m'avez-vous délaissé? Savoir en sa nature humaine, abandonnée à tous les tourments des bourreaux et de ses ennemis, sans consolation. Et il s'adresse à Dieu pour demander la cause de cet abandon; par conséquent (on voit [1]) que c'est le péché des hommes qu'il expiait dans sa chair innocente. Néanmoins, ce péché n'est pas bien connu des hommes, et son horreur n'est bien connue que de Dieu seul. Et même ce discours peut être entendu comme une prière que Jésus fait au père de se souvenir de la fin pour laquelle il l'afflige et l'abandonne, comme disant : Mon Dieu, mon Dieu, pourquoi m'avez-vous délaissé? vous savez, mon Dieu, que c'est pour le salut du monde; appliquez donc le fruit de ce sacrifice au genre humain, auquel vous l'avez destiné. Et ces paroles sont pleines d'espérance et non pas de désespoir, car il dit : Mon Dieu, mon Dieu! or, Dieu n'est point le Dieu des morts ni des désespérés.

279. Il dit aussi : J'ai soif.

280. Lors les soldats, tournant ces mystères en raillerie, lui présentent du vinaigre,

281. Et disent qu'il appelle Élie.

282. Et Jésus, ayant pris du vinaigre, dit : Tout est

[1] Ces mots *on voit* ne sont pas dans le MS.

consommé; c'est-à-dire tout ce qu'il devait faire en cette vie.

283. Et de rechef Jésus criant

284. A haute voix : *In manus*, etc.[1],

285. Il inclina la tête,

286. Et rendit l'esprit entre les mains de son père, à qui il l'avait recommandé ; et mourut, non pas par une nécessité naturelle, mais par sa propre volonté : ce qui paraît, et parce qu'il l'a dit lui-même, et par la manière dont il est mort, par son cri, lequel ne pouvait pas être naturel ; car ceux qui meurent de faiblesse perdent la voix longtemps auparavant, et il cria à haute voix immédiatement. Aussi le centenier le reconnut fils de Dieu à cette marque. Quand il baissa la tête, il le fit par sa volonté et pleine puissance, au lieu que les autres le font après la mort, par faiblesse. Il attendit que toutes choses fussent consommées, et lors il mourut.

287. Cependant celui qui, peu auparavant, avait été défié de faire des miracles, en fit après sa mort, [2]. Car le soleil fut obscurci ;

288. Le voile du temple se fendit par le milieu,

289. Depuis le haut jusqu'en bas ;

290. La terre trembla, les monuments s'ouvrirent, les corps des saints ressuscitèrent[3] après la résurrection du Seigneur, et entrèrent en la sainte cité, apparurent à plusieurs ; et ils ressuscitèrent pour la gloire éternelle, après le Seigneur, car il est les prémices des morts, et apparurent à ceux qui étaient dignes de voir

[1] Pater, in manus tuas commendo spiritum meum. Luc, XXIII, 46.
[2] Une lacune de deux ou trois mots, dans le MS.
[3] Dans le MS. : « ...*ressuscitent...* »

des corps glorieux, pour leur confirmer la vérité de la résurrection du Seigneur, et leur donner l'espérance, le gage et la certitude de la résurrection générale, dont ils ont été les avant-coureurs, et Jésus l'auteur.

291. Le centenier reconnaît qu'il est fils de Dieu, parce qu'il le vit mourir et crier en mourant,

292. Et parce qu'il voit tous ces prodiges qui suivirent sa mort.

293. Et les troupes qui le gardaient s'en retournèrent, converties à ce spectacle, et frappant leurs poitrines.

294. Les Juifs cependant, à cause du sabbat, demandent qu'on rompe les os aux crucifiés, pour les faire mourir avant le sabbat; ce qu'on fit aux larrons, mais non pas à Jésus, parce qu'il était déjà mort, et qu'il avait prévenu par sa puissance celle du bourreau. (Tert.) Mais on lui perça le côté, d'où sortit sang et eau, de peur qu'il ne fût pas mort entièrement : ce qui est très-miraculeux, car il ne peut sortir de sang d'un corps mort, en quelque lieu qu'on le perce, et encore moins de l'eau, suivant le consentement des médecins ; et cependant il en sortit de l'eau véritable, suivant l'Évangile, et suivant que le pape Innocent III, *in Decret. de celeb. miss.*, le déclare.

295. Comme le soir fut venu, Joseph d'Arimathie demande permission d'ensevelir le corps, à Pilate.

296. Pilate s'étonne qu'il soit sitôt mort, et, s'en étant informé du centenier,

297. Il le leur accorde.

298. Ils le descendent de la croix;

299. Et ayant acheté un linceul net, ils oignent le

corps, l'enveloppent du linceul, et le mirent dans un sépulcre neuf, où jamais personne n'avait été mis,

300. Taillé dans le roc; et (Joseph d'Arimathie) mit[1] à l'entrée du monument une pierre

301. Fort grosse.

302. Nicodème aussi apporta cent livres de parfum.

303. Les femmes observent de loin ce qui se passe, et le lieu où l'on le met.

304. Et elles préparent des parfums; et se reposèrent, parce que le sabbat commençait, dans le dessein d'aller oindre le corps dès le lendemain du sabbat, savoir le dimanche.

305. Le jour de la Pâque des Juifs, savoir le samedi 16 mars, les princes des prêtres craignant que les disciples n'enlevassent le corps, et qu'ils ne le publiassent ressuscité, ils demandent à Pilate que le sépulcre fût gardé. Pilate l'accorde; et ils allèrent eux-mêmes sceller le sépulcre, et y poser des gardes.

306. Le dimanche, 17 mars, Madeleine et les autres femmes achetèrent encore des parfums,

307. Et de grand matin, vinrent pour oindre le corps de Jésus.

308. Et en chemin, elles étaient en peine comment elles pourraient rouler la pierre, car elle était fort grosse.

309. Et un grand tremblement de terre arriva, car l'ange descendit et roula la pierre, et s'assit sur elle. Et les gardes en devinrent comme morts.

310. Et ainsi les femmes, approchant du sépulcre, virent la pierre roulée.

[1] Dans le MS. : « ...et mit à l'entrée... »

311. Et l'ange parla aux femmes, et leur dit qu'elles ne craignent point, c'est-à-dire que les gardes ont eu raison de craindre sa vue, parce qu'il n'y a point de proportion entre eux et des esprits célestes, mais quant à elles, qu'elles ne doivent pas craindre, puisqu'elles voient leurs confrères et leurs concitoyens; et leur dit que Jésus est ressuscité, les fait entrer, leur montre le lieu où il avait été mis, et leur donne charge d'aller l'annoncer aux disciples et à Pierre.

312. Ainsi, elles ne trouvent point le corps du Seigneur.

313. Ces aventures les remplissent d'une joie incertaine et mêlée de crainte.

314. Et comme elles partaient en grande perplexité, elles virent deux anges. Cette vision les trouble, elles baissent la face en terre. Les anges leur disent que Jésus est ressuscité, qu'il a fallu qu'il mourût et qu'il ressuscitât. Ces paroles remettent en mémoire à ces femmes les paroles que Jésus avait dites durant sa vie.

315. De sorte qu'elles se rassurent, et vont en porter la nouvelle aux apôtres, et particulièrement à Pierre et à Jean.

316. Ils prennent ce récit, que les femmes leur font, pour une rêverie.

317. Et néanmoins Pierre

318. Et Jean courent au sépulcre. Et Jean arrive le premier.

319. Et ils ne virent point le corps.

320. Et Pierre ensuite vit les linges, et non pas le corps.

321. Et Jean entra après Pierre au sépulcre. Et

Jean, quand il eut vu que le corps n'y était pas, crut qu'il était ressuscité; car il ne connaissait pas encore cette vérité par la foi et par l'Écriture. Et s'en retournèrent.

322. Ensuite Marie allant au sépulcre en pleurant, et voulant se baisser pour regarder dans le sépulcre, elle voit deux anges, l'un à la tête, l'autre au pied du lieu où Jésus avait été mis, qui la consolent, et en s'en retournant, elle voit Jésus en forme de jardinier.

323. Jésus lui dit : Ne me touche pas (d'autant que je suis maintenant d'une dignité plus grande qu'autrefois, et si je me laisse toucher les pieds, tantôt, aux femmes et à toi-même, ce n'est que pour être adoré; et si je donne mes mains à toucher, ce n'est que pour convaincre les incrédules) ; mais va annoncer à mes frères que je monte à mon père et à leur père, à mon Dieu et à leur Dieu. Il ne dit pas à notre père et à notre Dieu, car Dieu est autrement père et Dieu de J.-C. que de nous, puisqu'il est fils par nature, et nous par adoption, et que Dieu est son Dieu par la communication de sa divinité, et qu'il est notre Dieu par la communication de sa grâce.

324. Et elle fut, avec les femmes, l'annoncer aux apôtres; qu'elle l'avait vu ressuscité, au lieu que la première fois elle n'avait vu sinon que le corps n'y était pas.

325. En chemin, elles trouvent Jésus à la rencontre. Et Madeleine était mieux instruite, et les autres, à son exemple, se jettent à ses pieds, et les adorent. Il leur ordonna d'aller dire à ses frères qu'ils aillent en Galilée, et qu'ils l'y verront.

326. Cependant, les soldats qui avaient été posés au sépulcre vont dire aux prêtres ce qui s'était passé, lesquels leur donnent de l'argent pour dire que, pendant qu'ils dormaient, on avait enlevé le corps.

327. Les apôtres ne croient pas le rapport des femmes.

328. Jésus ensuite se montre à Pierre,

329. Et aussi à deux disciples allant en Emmaüs,

330. Auxquels il explique toutes les Écritures qui parlaient de lui. Mais ils ne le connurent qu'à la fraction du pain, c'est-à-dire en la manducation de son corps (Aug. serm. 140 de temp. c. 3. Et lib. III de consensu. c. 35) : pour recommander ce divin sacrement, et parce que personne ne doit mettre en doute que la participation à ce sacrement nous introduise en la connaissance du Seigneur (Inst. 59. quæst. 8). Car ce mot de *fraction du pain* signifie le repas de l'eucharistie, dans le Nouveau Testament, comme il paraît par les Actes et par saint Paul : « Le pain que nous rompons n'est-il pas la participation du corps du Seigneur ? »

331. Et les deux disciples le furent annoncer aux autres, assemblés en Jérusalem avec les autres.

332. Mais ils ne le crurent pas.

333. Enfin, le jour du dimanche, comme les deux disciples faisaient leur retour,

334. Jésus lui-même apparut au milieu d'eux.

335. Le soir du dimanche, les portes étaient fermées, de peur des Juifs ; il entra sans ouvrir les portes. Contre nos hérétiques : car il était bien en la puissance de celui qui était né sans l'ouverture des flancs mater-

nels, d'entrer les portes étant fermées, puisque rien n'est impénétrable à un corps uni à la divinité.

336. Il leur donna sa paix, et leur inspira le Saint-Esprit par son souffle, qui en était le symbole extérieur, qui marque qu'il procède aussi de lui. (Aug. Cyrill. Hil.) Mais pour montrer qu'il ne leur donnait pas l'Esprit sans mesure, mais par mesure, il leur dit la fin pour laquelle il le leur donne, en disant qu'ils auront pouvoir de remettre et retenir les péchés.

337. Et parce qu'ils doutaient, non pas par une obstination malicieuse, mais par un excès de joie; qu'ils avaient peine de croire, et qu'ils pensaient que ce fût un esprit, il leur montre ses pieds et ses mains, où étaient encore les cicatrices ouvertes, non pas saignantes, mais saines (Aug. Cyrill. Léon), lesquelles il a voulu porter dans le ciel à la droite du père, pour les lui exposer éternellement comme le prix de notre liberté, et l'éternel trophée de sa victoire. (Ambr.) Car ce ne sont point des défauts, mais des marques de vertu. Et leur dit qu'il était le même. Et parce qu'ils doutaient encore, pour dernière preuve il mangea, non que ce qu'il mangea se convertit en sa substance, mais il fut dans l'estomac conservé. Car il n'avait pas besoin de manger. Car un corps ressuscité aurait une puissance imparfaite, s'il n'avait le pouvoir de manger, et aurait une puissance imparfaite, s'il en avait besoin.

Thomas lors était absent, et ne crut point aux dix autres.

338. Huit jours après, savoir le dimanche, 24 mars, Jésus apparut aux onze étant ensemble, les portes étant fermées, et donna ses mains et son côté à manier à

saint Thomas, qui crut et dit : Mon Seigneur et mon Dieu ! reconnaissant la divinité et humanité en sa personne. (Ambr.)

339. Il leur donna la forme du baptême, et les signes que suivront ceux qui croiront, c'est-à-dire les miracles par lesquels il confirmera leur prédication, et attirera la créance des peuples, lesquels il disperserait [1] par son Église, de la même sorte qu'il les a dispersés dans son corps mortel, c'est-à-dire non pas en tous lieux généralement, mais dans les lieux et dans les temps où il sera nécessaire, suivant l'utilité de l'Eglise, qui est la fin des miracles. Aussi ils ont été fréquents au commencement, et rares néanmoins, de peur que la coutume ne refroidît l'ardeur que la nouveauté avait allumée. (Greg. hom. 29. in Ev.) Et ces miracles peuvent aussi être entendus mystiquement, et sont très-bénins et utiles, et non pas comme ceux de Moïse.

339 (*sic*). Ensuite il apparut aux sept pêchant à la mer de Tibériade, et fit le miracle de la pêche des poissons où le filet ne se rompit point : où saint Augustin remarque de grands mystères sur la différence de cette pêche à l'autre, celle-ci après la résurrection, celle-là avant la résurrection. Celle-là marque l'état de l'Eglise avant la résurrection générale, celle-ci l'état de l'Église après. Là, les rets sont jetés de tous côtés à l'aventure ; ici, seulement à droite. Là, les rets rompus marquent les divisions, schismes ; et ici, leur intégrité marque l'unité [2]. Là, les poissons sont mis en deux navires, savoir des Gentils et des Juifs, tous deux prêts à périr ; ici, au port, c'est-à-

[1] Dans le MS. : « ... lesquels il *dispersait*... »

[2] Dans le MS. : « ...leur intégrité *mais* l'unité... »

dire dans l'assurance de l'éternité. Là, sont pris les grands et petits; ici, seulement les grands; ensuite suit le repas[1], etc.

Jean reconnaît Jésus le premier. Jésus exige de Pierre un triple témoignage de son amour. Il lui commet le soin de ses brebis, c'est-à-dire des brebis de Jésus-Christ, et non de Pierre, et lui prédit le genre de mort qui l'attend et qui le mènera où il ne veut pas. Ce qui marque la volonté de la nature et celle de la grâce, de l'homme extérieur et de l'homme intérieur, qui a paru mort en Jésus-Christ.

339 (*sic*). Jésus apparut aussi à près de cinq cents disciples, et à Jacques.

340. Enfin, il apparut aux onze, en Galilée, allant à la montagne qu'il leur avait assignée, et leur dit que toute puissance lui est donnée au ciel et en la terre, c'est-à-dire partout, suivant la façon de parler des Hébreux, comprenant toutes choses en deux mots, comme celui-là le mal, de[2]. . . . . et assis, etc. Et les envoie prêcher et baptiser par toute la terre, et leur promet d'être avec eux jusqu'à la consommation du siècle, par sa grâce, son autorité et son Esprit. En quoi il promet deux choses : l'une que jamais l'Église ne périra, et ne sera destituée de pasteurs, pour montrer son économie; l'autre, que jamais elle ne sera destituée de la connaissance de la vérité ; car, si l'un de ces deux manquait, cette promesse serait nulle. (Hyeron.)

[1] Dans le MS. : « . . . suit le *repos*. . . » sens contraire au texte évangélique. Jean, XXII, 12.

[2] Ici une lacune d'un mot; le MS. de Pascal était sans doute illisible en cet endroit, et la copie y est inintelligible.

341. Le 26 avril, 40 jours après la résurrection, il les mena en Béthanie.

342. Et étant prêt à disparaître, les apôtres lui demandèrent

343. Quand il reviendra.

344. Mais Jésus reprit leur curiosité.

345. Ayant dit ces choses, il éleva ses mains, non pas comme pour prier, mais pour les bénir, suivant la coutume (Levit. 9. 22.), et comme on fait dans l'Église, et comme les apôtres ont fait. Et peut-être que cette coutume de l'Église et des apôtres procède de cette action de Jésus-Christ. Hyeron., in v. 19, c. 66. Isaïe, dit que Jésus nous a laissé le signe du tau[1] sur notre front, en montant à son père, comme la source de toute bénédiction. Et Jésus les bénit, et cette bénédiction les conserva jusques à la Pentecôte. Et eux le regardant, il fut enlevé et monta au ciel.

346. Et une nuée le soulevant, ils le perdirent de vue. Et comme ils le regardaient aller au ciel, deux anges se présentèrent à eux, qui leur dirent que de la même sorte qu'ils l'avaient vu monter, de la même sorte il reviendrait.

347. Et il monta au-dessus de tous les cieux, afin qu'il remplît tout (Ephes. 4); et fut reçu au ciel, et sied maintenant à la droite du Père[2], ... dans une égalité parfaite au Père, et dans une plénitude de puissance. Car cette session à la droite est opposée au ministère des anges comme inférieurs. Hébr. I. 5. II. 5. Philipp. II. 9. Ephes. I. 20. Corinth. XV. 25, etc.

[1] Le MS. dit : « . . . le *sujet* du tau. . . » erreur évidente du copiste.
[2] Lacune d'un mot ou de deux.

où l'apôtre entend par la session à la droite la pleine puissance qu'il n'a jamais manqué d'avoir, mais qu'il a paru avoir [1]. . . . . en ce jour. Et quoique le fils soit à la droite du père, ce n'est pas à dire que le père soit à la senestre du fils. Car dans le Ps. *Dixit Dominus*, où il est dit que le fils est à la droite du père, il est dit aussi que le père est à la droite du fils. Mais c'est que parlant de [2]. . . . . personne. . . lui donner tout et quasi plus, de peur qu'on ne lui donne moins. Ambr. Et de là il régit et conduit son Église avec pleine puissance et providence.

348. Les apôtres s'en retournent en Jérusalem en grande joie; et étaient toujours au temple, louant Dieu.

349. Et persévéraient d'un accord avec Marie, mère de Jésus, en l'oraison, en attendant le Saint-Esprit promis.

350. Et ayant reçu le Saint-Esprit dix jours après, savoir le 7 mai, ils ont porté l'Évangile par toute la terre, le Seigneur confirmant leur prédication par leurs miracles.

351. Et demeure avec l'Église jusqu'à la consommation du siècle, suivant sa promesse.

352. Alors il reviendra, au même état où il est monté,

353. Juger les vivants et les morts, et séparer les méchants d'avec les bons, et envoyer les injustes au feu éternel, et les bons en son royaume, suivant la forme qu'il en a prédite, et demeurera dans le sein.

[1] Lacune d'un mot ou de deux.
[2] Id.

354. Et ce royaume sera sans fin, où Dieu sera tout en tous;

Et où il demeurera uni à Dieu dans le sein de Dieu et ses élus en lui, en l'éternité. Amen.

TESTAMENT DE PASCAL[1].

Fut présent en sa personne Blaise Pascal, escuier, demeurant ordinairement à Paris, hors et près la porte Saint-Michel, paroisse Saint-Cosme; de présent étant au lit, malade de corps, en une chambre au second étage d'une maison sise à Paris, sur le fossé d'entre les portes Saint-Marcel et Saint-Victor, paroisse Saint-Etienne-du-Mont[2], en laquelle est demeurant Mre Florin Perier, conseiller du roi, en sa cour des aides de Clermont-Ferrand, en Auvergne; toutefois, sain d'esprit, mémoire et entendement, comme il est apparu aux notaires soussignés, par ses paroles, gestes et maintien; lequel considérant qu'il n'y a rien plus certain que la mort, ni chose plus

[1] L'original de cet acte se trouve parmi les minutes de M. Yver, notaire à Paris.

Voici ce que dit Mme Perier, dans sa *Vie de Pascal*, à propos du testament de son frère: « Il fit même son testament, durant ce temps-là, où les pau« vres ne furent pas oubliés, et il se fit violence pour ne pas donner da« vantage; car il me dit que si M. Perier eût été à Paris, et qu'il y eût « consenti, il aurait disposé de tout son bien en faveur des pauvres. » (*Lettres, Opuscules et Mémoires*, de Mme Perier et de Jacqueline, sœurs de Pascal, et de Marguerite Perier, sa nièce, etc., page 40.)

[2] Cette indication s'accorde avec la tradition suivant laquelle Pascal est mort dans la maison de la rue Neuve-Saint-Étienne qui porte le n° 8; mais elle en diffère en ce que Pascal est mort au second étage de cette maison, et non dans un petit pavillon au rez-de-chaussée, comme le dit la même tradition. (Voy. *Pensées, Fragments et Lettres*, page XXIV de l'introduction.)

incertaine que le jour et heure d'icelle, ne désirant en être prévenu sans tester, pour ces causes et autres, à ce le mouvant, a fait, dicté et nommé aux notaires soussignés son testament et ordonnance de dernière volonté, en la forme et manière qui en suit :

Premièrement, comme bon chrétien, catholique, apostolique et romain, a recommandé et recommande son âme à Dieu, le suppliant que, par le mérite du précieux sang de notre Sauveur et Rédempteur Jésus-Christ, il lui plaise lui pardonner ses fautes et colloquer son âme, quand elle partira de ce monde, au nombre des bienheureux, implorant pour cet effet les intercessions de la glorieuse Vierge Marie et de tous les saints et saintes du paradis.

Item, veut et ordonne ses dettes être payées et toutes fautes, si aucune y a, réparées et amendées par le sieur son exécuteur testamentaire sous nommé.

Item, désire son corps mort être enterré en ladite église Saint-Étienne-du-Mont de cette dite ville de Paris. Pour le regard des cérémonies de son convoi, service et enterrement, ensemble pour les messes, prières et aumônes à faire, pour le repos de l'âme du dit sieur testateur, s'en remet et repose de tout à la discrétion et volonté de son dit exécuteur sous nommé, et s'il était lors absent de cette ville de Paris, à la discrétion de damoiselle Gilberte Pascal, sa femme, et sœur du dit sieur testateur.

Item, donne et lègue à Françoise Delfante, femme du sieur Pinel, la somme de douze cents livres, une fois payée.

Item, donne et lègue à Anne Polycarpe, femme de

chambre de la dite damoiselle, la somme de mille livres, aussi une fois payée.

Item, donne et lègue à la nommée Esdune, servante de cuisine du dit sieur testateur, la somme de cent livres tz.[1] de pension par chacun an, la vie durant d'icelle Esdune.

Item, donne et lègue à la nourrice qui a nourri de mamelle Étienne Perier, neveu du dit sieur testateur, la somme de trente livres de pension par chacun an, la vie durant d'icelle nourrice, demeurant en Normandie.

Item, donne et lègue à Blaise Bardout, filleul du dit sieur testateur, la somme de trois cents livres pour être employée à lui faire apprendre métier, et jusques à ce demeurera ès mains du dit sieur exécuteur testamentaire, qui lui en fera intérêt.

Item, donne et lègue au dit Étienne Perier, son neveu, la somme de deux mille livres tz. une fois payée.

Item, donne et lègue le dit sieur testateur, à l'hôpital général de cette ville de Paris, un quart du droit appartenant au dit sieur testateur, sur les carrosses publiques, établies depuis peu en la dite ville de Paris[2], à la charge néanmoins de consentir, s'il y échet, qu'au lieu de la part appartenant de présent à M. le grand prévôt[3] sur les dites carrosses, il appartienne à l'avenir au dit sieur grand prévôt un sixième au total d'iceux,

[1] Tournois.

[2] Ces carrosses étaient de véritables *omnibus* qui allaient de la porte Saint-Antoine au Luxembourg. (Voy., sur cette entreprise, les *Lettres, Opuscules et Mémoires* des sœurs de Pascal, etc., pages 26, 80 et 482.)

[3] Le marquis de Sourches, qui avait obtenu avec le duc de Roannez et le marquis de Crénan, grand échanson de France, la *concession* de l'entreprise.

en telle sorte qu'au lieu d'un pareil sixième, qui appartient à présent au dit testateur, au total des dits carrosses, il ne lui appartiendra plus qu'un sixième aux cinq sixièmes restants; ou à condition de contribuer par ledit hôpital, proportion aux mêmes frais, charges, clauses et conditions dont le dit sieur testateur est tenu.

Item, donne et lègue le dit sieur testateur, aux mêmes conditions que dessus, à l'hôpital général de la ville de Clermont en Auvergne, un autre quart du même droit, si mieux n'aime le dit hôpital de Clermont, dans trois ans prochains du jour du décès du dit sieur testateur, prendre la somme de trois mille livres une fois payée pour ladite portion, laquelle, en ce faisant, retournera à la dite damoiselle, sœur du dit s[r] testateur, qui ne pourra rien prétendre à la jouissance qu'aura eu le dit hôpital de la dite portion pendant le dit temps.

Item, donne et lègue le dit sieur testateur, aux conditions devant énoncées pour l'hôpital de la ville de Paris, à Mre Jean Domat, avocat du roi au présidial du dit Clermont, un autre quart du sus dit droit pour en jouir sa vie durant, et après son décès le dit quart retournera à la dite damoiselle.

Item, désire le dit sieur testateur qu'il soit fait restitution pour les deux tiers, dont il pourrait être tenu à cause des biens de feu monsieur son père, des arrérages et intérêts reçus sans juste titre par le dit feu sieur son père, et pour le total de ceux qui ont été ainsi reçus par ledit sieur testateur; le tout selon qu'il sera convenu et réglé, tant pour la somme que pour les personnes à qui elle doit être distribuée, par le dit sieur Florin Perier, la dite damoiselle sa femme, et par le dit sieur Daumat (*sic*). Ce qui sera réglé dans six mois au plus tard par eux tous, ou au moins par ceux qui se trouveront en vie dans le dit temps, et exécuté par le dit sieur exécuteur testamentaire sous nommé, au plus tard dans un an après le décès du dit sieur testateur.

Et pour exécuter et accomplir le dit présent testament, le dit sieur testateur a nommé et élu le dit sieur Florin Perier, son beau-frère, qu'il prie en vouloir prendre la peine, révoquant, par le dit sieur testateur, tous autres testaments et codicilles qu'il pourrait avoir faits auparavant cestui auquel seul il s'arrête, comme étant son intention et dernière volonté; et fut ainsi fait, dicté et nommé par le dit sieur testateur, aux sus dits notaires, puis à lui par l'un d'iceux notaires présents, lu et relu, qu'il a dit bien entendre, en la dite chambre, le troisième jour d'août seize cent soixante-deux, avant midi, et a signé :

PASCAL.

QUARRÉ. GUNEAU.

EXTRAIT DU JOURNAL DE PARIS,

DU 4 AVRIL 1783.

Aux Auteurs du journal.

« Messieurs,

« J'ai vu dans le cabinet d'un magistrat le Billet imprimé d'enterrement de PASCAL, et celui du service de DESCARTES, mis sous verre et gardés comme des pièces d'autant plus rares qu'on ne s'occupe point d'en conserver l'existence. Je vous en envoie copie, et vous engage à les consigner par la voie de l'impression. On s'occupe avec intérêt de ce qui a rapport aux grands hommes.

« J'ai l'honneur d'être, etc. »

Vous êtes priés d'assister aux convoi, service et enterrement de défunt Blaise Pascal, vivant escuyer, fils de feu messire *Estienne Pascal*, conseiller d'Etat et président en la cour des Aydes de Clermont-Ferrand ; décédé en la maison de M. Perier, son beau-frère, et conseiller en la dite cour des Aydes, sur les fossés de la Porte Saint-Marcel, près les Pères de la Doctrine chrétienne : qui se fera lundi vingt-et-unième jour d'août 1662, à dix heures du matin, en l'église de Saint-Estienne-du-Mont sa paroisse, et lieu de sa sépulture, où les Dames se trouveront, s'il leur plait.

Vous êtes priés d'assister au service de feu messire René Descartes, chevalier, Seigneur du Perron, dont le corps, en l'année 1650, fut déposé dans le cimetière des Enfants à Stokolm, par feu M. Chanut, lors ambassadeur en Suède, chez qui il était décédé, d'où il a depuis peu été retiré et envoyé en France par M. le chevalier de Terlon, aussi ambassadeur en la dite cour, qui se dira samedi vingt-cinquième jour de juin 1667, à dix heures précises du matin, en l'église de l'Abbaye de Sainte-Geneviefve, où il est inhumé, auquel lieu la Compagnie se trouvera, s'il lui plait.

Paris. — Imprimerie Schneider et Langrand, rue d'Erfurth, 1.

BIBLIOTHEQUE ROYALE

www.ingramcontent.com/pod-product-compliance
Ingram Content Group UK Ltd.
Pitfield, Milton Keynes, MK11 3LW, UK
UKHW022121260726
13993UKWH00003B/1150